शाश्वत दार्शनिक चिन्तन-धारा

काल-चिन्तन

आत्मचिंतन

AF884136

राजेन्द्र अवस्थी

डायमंड बुक्स

SMS New Hindi at
9911044500 for Alert

ISBN : 978-81-288-3826-2
© शिवशंकर अवस्थी
प्रकाशक : डायमंड पॉकेट बुक्स (प्रा.) लि.

X-30, ओखला इंडस्ट्रियल एरिया, फेज-II

नई दिल्ली-110020

फोन : 011-40712200

ई-मेल : sales@dpb.in

वेबसाइट : www.diamondbook.in

संस्करण : 2012

मुद्रक : जी.एस. इंटरप्राइजिज

KAAL-CHINTAN : AATMACHINTAN

By Rajendra Awasthi

आमुख

विगत पचास वर्षों से निरन्तर 'काल-चिन्तन' लिख रहा हूँ। क्यों और कैसे लिखता हूं, नहीं जानता। हमें पता नहीं हम क्यों और कैसे आये। हमें तो यह भी पता नहीं, कब कैसे चले जाएंगे।

पाठकों की जिज्ञासापूर्ण प्रतिक्रियाएँ ज्ञानार्जन के मार्ग की अद्‌भुत क्षमताएँ हैं। मुझे प्रसन्नता है, पाठकों ने इसे अपनाकर अपनी चिन्तन-प्रेरणा को जन्म दिया है। अनेक बार पूछा जाता है, 'आप काल-चिन्तन कैसे लिखते हैं ? कब लिखते हैं?' एक बात स्पष्ट करना आवश्यक है कि यह चिन्तन-धारा मेरी निजी जीवन-यात्रा है। प्रेरणा-स्रोत है मेरा मस्तिष्क। काग़ज़ और कलम सहभागी हैं। शान्ति और सूनापन सृजन-भूमि है।

मैंने जब 'काल-चिन्तन' लिखना आरम्भ नहीं किया था, मैं विश्व-अध्यात्म के अमर ग्रन्थों को पढ़ता था। बाद में मैंने पढ़ना बन्द कर दिया, इसलिए कि मानसिकता की भूमि और चिन्तन-रेखा में मेरे ऊपर किसी का प्रभाव न पड़े। अस्तु, मैं कहना चाहूँगा, यह मेरा निजी चिन्तन है जो परिवेश, अनुभव और 'तीसरी दृष्टि' से प्रेरित है। लिखने के पहले मुझे सोचना नहीं पड़ता। लिखने बैठ जाता हूँ और एक ही धरातल में जहाँ तक, जितना लिखा जाता है, मैं समाप्त कर देता हूँ। लेखन का समय प्रायः देर रात्रि की स्तब्ध नीरवता होता है।

अपने लेखन और अपनी सोच में मैं आधुनिक हूँ। मेरा दृढ़ विचार है कि इक्कीसवीं सदी में भी 'काल-चिन्तन' नित्य नूतन और प्रेरणाप्रद बना रहेगा। हज़ारों-लाखों पाठकों को वह आज भी प्रेरित करता है। आत्महत्या जैसे विचार स्याहीसोख की तरह समाप्त हुए हैं। जीवन के प्रति आशा और विश्वास पाठकों को मिला है।

तथापि अक्षरों में अपार क्षमता है। अक्षर, अमर, अपार क्षमता वाला एक ही संज्ञा से शुरू होता है–'अ'। आधुनिकता मेरी दृष्टि है, लेकिन वह भारतीय उपादानों और भारतीय मूल्यों से अलग नहीं है। संस्कृत-साहित्य के विद्वान यह जानते हैं कि संस्कृत-साहित्य समूचे विश्व-साहित्य से बहुत आगे है। पश्चिम ने जो आज सोचना शुरू किया है, हम सदियों पहले सोच चुके हैं। शंकराचार्य ने भारत को नयी दिशा दी थी। इस विरासत में हमें जीवन के वे अदम्य तत्त्व मिले हैं जो नीत्से, ख़लील जिब्रान, चार्वाक, फ्रायड आदि की तरह उपदेश भले

देते हों, स्वयं नीत्से की तरह पागलपन की हद तक पहुँचकर आत्महत्या नहीं कर लेते। कार्ल मार्क्स को मैं भटका हुआ विवेकशील व्यक्ति मानता हूँ। प्लेटो की भावभूमि अलग थी। इस दृष्टि से मेरा दर्शन अथवा अध्यात्म एकदम अलग है।

जीवन के विविध आयाम हैं, अनेक जटिलताओं के बीच से हमारी जीवन-सरिता प्रवाहित होती है। व्यक्ति से लेकर व्यक्ति तक संवेदनाओं और अ-संवेदनाओं के घेरे हैं। राजनीति के आभिजात्य और कुलीन दरवाज़े कभी खुले हैं तो कभी 'कुर्सी' के महाभारत (देखिए 'कुर्सी' जिसे मुझे तीन बार लिखना पड़ा) में पड़कर सड़ांध और दुर्गन्धभरी सड़कों में बदल गये हैं। मनुष्य की सत्ता कभी समाप्त नहीं होगी, मनुष्य की जिज्ञासा भी कभी समाप्त नहीं होगी और न 'सद्गमय' जैसी चेष्टाएँ समवयस्क बनी रहेंगी।

हमारी समूची जीवन-यात्रा खण्ड-खण्ड में विभाजित है। सुख और दुःख सिनेमा के पर्दे पर चल रहे वे दृश्य हैं जिन्हें चाहे-अनचाहे देखना पड़ता है। सड़क साफ़ है तो कई जगह साफ़ सड़क के नीचे दलदल हैं गाँवों की सर्पीली गलियाँ किसी वरदहस्त की प्रतीक्षा में सदियों से पड़ी हैं। मनुष्य का मस्तिष्क शान्त है तो अशान्त भी है। सच पूछा जाए तो हम सब 'मूल्यहीनता' की स्थिति में जी रहे हैं। ऐसी स्थिति में सोचने के लिए यदि 'नूतनाम्बुदमयी' एक बूँद भी मिल जाए तो वह स्वर्ग से गिरी ऐसी बूँद होगी जिससे सीपी बनती है, वही सीपी मोती का स्वरूप लेती है। एक बूँद गंगा के स्वच्छतम क्षेत्र से मिल जाए तो जीवनी-शक्ति बन जाती है।

मैं उपदेशक नहीं हूँ, न कथावाचक; सम्भवतः मैं कोई क्रान्तिकारी आध्यात्मिक व्यक्ति भी नहीं हूँ, शायद बहुत-बड़ा चिन्तक भी नहीं हूँ। मेरा दर्शन मेरी निजी उपज है, वह जूठन-भरे शब्दों का कोश नहीं है। मेरे साथ जीनेवाले और चलनेवाले अनन्त पाठक हैं जिन्हें अँधेरे में प्रकाश मिला है और प्रकाश में अंधकार की वैभवमय शान्ति मिली है। कहीं किसी को मैंने निरुत्साहित नहीं किया, क्योंकि मेरा स्वीकार्य है कि गत ने विगत बनते हुए हमें वर्तमान की सीमा में खड़े रखा है तो आगत उससे अधिक बलशाली होगा। मैं बलवती जिजीविषा का पक्षधर हूँ और अपने आभा-मण्डल में मेरा अटूट विश्वास है। विश्वास लेकर चलनेवाले यात्री को अविश्वास नहीं मिल सकता, मिला है कभी तो गलियों की तरह, वह वहीं लौटकर गया है जहाँ से आया था। मेरा विश्वास मेरी मुट्ठियों में कैद है। मैं अपने पाठकों के सामने यह विश्वास-भरी मुट्ठी खोलता हूँ और रहस्यमय एक मूलमन्त्र देता हूँ—अपनी चेतना को दूसरों के हवाले मत करो। किये गये सत्कार्य प्रतिरोधी नहीं हो सकते और संवेदना की गहराइयों को पहचान लोगे तो भय भाषा के शब्दकोश में नहीं रहेगा।

मैं अपने जीवन की गीता भेंट करते हुए अत्यन्त प्रसन्नता का अनुभव कर रहा हूँ। मैं रहूँ या न रहूँ—मेरे शब्द रहेंगे और प्रत्येक जिज्ञासु का मार्ग-दर्शन करते रहेंगे।

—राजेन्द्र अवस्थी

संपादकीय

काल-चिन्तन से साहित्य जगत में विशिष्ट पहचान बनाने वाले, गहन चिन्तन से ओत-प्रोत, उर्वर, बेबाक लेखनी से साहित्य की लगभग सभी विधाओं को संचालित और समृद्ध करने वाले उद्भट विद्वान, कालजयी स्वतंत्र चेता संपादक, यशस्वी साहित्यकार, काल-चिन्तक **राजेन्द्र अवस्थी** को क्रूर नियति ने हमसे छीन लिया है।

अपने लेखन और अपनी सोच में आधुनिक राजेन्द्र अवस्थी का सम्पूर्ण **'काल-चिंतन'** अपने समय, समाज और उससे जुड़े अवबोध का जीवन्त दस्तावेज है। उनके 'काल-चिंतन' का क्षेत्र बहुआयामी है। जीवन और जगत की विभिन्न समस्याओं पर प्रस्तुत विलक्षण विवेचन और आकर्षक निष्कर्ष सुधी पाठकों को आनन्द तो प्रदान करते ही हैं, उन्हें सूक्ष्म आत्मनिरीक्षण, आत्मोत्थान और सामाजिक अभ्युदय के लिए भी प्रेरित करते हैं। सच तो यह है कि आज हम 'मूल्यहीनता' की स्थिति में जी रहे हैं। इस संदर्भ में सोचें तो काल-चिंतन की समीचीनता स्वतः स्पष्ट हो जाती है। काल-चिन्तक अवस्थीजी के शब्दों में-**"मूल्यहीनता एक शून्य को जन्म देती है। यहीं से मानसिक गिरावट शुरू होती है। मूल्यहीनता व्यक्ति विश्वास के योग्य नहीं है। इसलिए भी कि उसका चरित्र शेष नहीं रहा। चरित्र यदि गिरगिट बन जाये तो वहां से गिलहरियां भाग जाती हैं।"**

राजेन्द्र अवस्थी वस्तुतः एक सरल एवं स्पष्ट चरित्र का नाम है। उन्होंने काल-चिन्तन की विषयवस्तु सीधे जन-जीवन के अनुभवों, विचारों और आन्दोलनों से ली है।

अवस्थीजी के चिन्तन में भोक्ता का स्वर है जो स्वानुभूत तथ्यों के आधार पर निष्कर्ष निकालता है। उन्होंने स्वयं लिखा है-**"मैं उपदेशक नहीं हूं, न कथावाचक, संभवतः मैं कोई क्रांतिकारी आध्यात्मिक व्यक्ति नहीं हूं। मेरा दर्शन मेरी निजी उपज है, वह जूठन भरें शब्दों का कोश नहीं। मेरे साथ जीने वाले और चलने वाले अनन्त पाठक हैं जिन्हें अंधेरे में प्रकाश मिला है और प्रकाश में अंधकार की वैभवमय शांति मिली है।"**

एक चिन्तक के रूप में अंधकार जैसे नकारात्मक बोध को भी उन्होंने इतना सकारात्मक और सार्थक अर्थ प्रदान किया जोकि एक आश्चर्य से कम नहीं लगता।

आइए आलिंगन करें इस अंधकार का क्योंकि यही हमारे ज्ञान का एक ऐसा घर है जो कभी खाली नहीं होगा। सब खाली हो जाएंगे, सब मिट जाएंगे, यह नहीं मिटेगा। यह यशस्वी अंधकार-रथ हमारे अस्तित्व के साथ अमर है

और अनन्त रहेगा हमारे न रहने के बाद भी क्योंकि रहना मात्र भूतल की संज्ञा, नहीं रहना हमारे विश्वास और अनश्वरता का वह अक्षर है, जिसे कालखण्ड का कोई क्षण नहीं मिटा सकता। प्रमाण है अंधकार। नमन है अंधकार।

काल-चिन्तन का एक-एक शब्द, एक-एक कथ्य, एक-एक सूक्ति हमारे मन-मस्तिष्क को झकझोर कर हमें संस्कारित करना चाहती हैं। हमें वर्तमान और भविष्य को उज्ज्वल बनाना सिखाते हैं।

निस्संदेह विषयगत होते हुए भी काल-चिन्तक का प्रत्येक 'चिन्तन' मनुष्यता के प्रगति-पथ पर जलने वाली मशाल है। वे हाथ धन्य हैं जो इस मशाल को थामने के लिए आगे बढ़ते हैं। वस्तुतः श्रेष्ठ चिन्तक वह है जो विचार को प्रभावपूर्ण सरल शब्दों में अधिकतम लोगों तक संप्रेषित कर सकें। वह चिन्तन धन्य है जो खास ही नहीं, आम आदमी को भी अपने आकर्षण पाश में बांध ले और उसे दिव्य चेतना की जीवंत अनुभूति करा दे। मनुष्यों को सत्य की अनुभूति के लिए प्रेरित करना ही चिंतन का मुख्य उद्देश्य है।

प्रस्तुत पुस्तक में संगृहीत राजेन्द्र अवस्थी के काल-चिंतन में इस उद्देश्य की पूर्ति कहां तक संभव हो सकी है, इसका निर्णय सुधी पाठकों पर छोड़ता हुआ मैं स्वयं राजेन्द्र अवस्थी द्वारा कहे गए वाक्यों पर प्रकाश डालना चाहता हूं-

"मैं अपने जीवन की गीता भेंट करते हुए अत्यन्त प्रसन्नता का अनुभव कर रहा हूं। मैं रहूं या न रहूं, मेरे शब्द रहेंगे और प्रत्येक जिज्ञासु का मार्गदर्शन करते रहेंगे।"

काल-चिंतक के ही शब्दों में कहना चाहूंगा- मेरे दोस्त! तुम क्यों शान्त होना चाहते हो। शान्त एक दिन तो होगे ही, वह तुम्हारी जिंदगी की अंतिम सांस होगी! उस अंतिम सांस तक पहुंचने से पहले जितने अशांत रह सको, रहो, दीर्घ जीवन नहीं, हमारी कामना सफल और शाश्वत जीवन की है....।

सफलता की मूल चेतना है अशान्ति! अशान्ति से ही धरती फटती है, भीतर धड़कन होती है और एक अंकुर फूटता है। कालान्तर में वही अंकुर विशाल वृक्ष बनकर अशान्त मनों की छाया देता है। पुष्पित होकर अपने होने का एहसास कराता है।

अपने पिता राजेन्द्र अवस्थी की अनमोल धरोहर 'काल-चिन्तन' प्रस्तुत संग्रह के रूप में आत्मीय पाठकवृन्द के हाथों में सौंपते हुए मैं अत्यंत भाव-विह्वल हूं। इस अद्भुत रचना क्षमता को मेरा कोटिशः नमन!

अंत में, मैं प्रकाशक श्री नरेन्द्र कुमार को धन्यवाद देना चाहता हूं जो साहित्य को घर-घर पहुंचाने के लिए कटिबद्ध हैं और जिनके लिए प्रकाशन व्यवसाय से अधिक तपस्या है।

-शिवशंकर अवस्थी
एसोसिएट प्रोफेसर
पी.जी.डी.ए.वी. कालेज
नेहरू नगर, नई दिल्ली

अनुक्रम

चेतना

जागरूकता

परीक्षा

महायात्रा

विनम्रता

सद्कार्य

दृष्टवत्

अमरत्व का प्रतीक

–पूछा था तुमने अमरत्व का प्रतीक क्या है ?

❑

–हर पल, हर क्षण दुर्बल होते और आयु को विस्मरण की रेखा में डालते हुए कोई पूछे 'अमरत्व क्या है ?' तो चिन्तन के द्वार अपने-आप खुलने लगते हैं।

–प्रश्न उठता है, जिज्ञासु कौन है ? यह भी समझना सार्थक होगा, जिज्ञासु किसके सम्मुख है ?

–चिंतन की गहराइयों के लिए अबाध लहरें ही नहीं चाहिए, अनंत दृष्टिगामी महासागर भी आवश्यक है।

–जीवन-मूल्य अवयवों में बँटे हैं : कौन, कहाँ, कैसे छीनता है, उसकी सामर्थ्य का प्रश्न है।

❑

–अन्धकार !

–झींगुर-ध्वनियों का सान्निध्य !

–बरसती रात !

–आगे-पीछे, भीतर-बाहर सब समान है !

–मेरा प्रश्न है, क्या सचमुच समान है !

–एक पीड़ित है, प्रताड़ित है, सिर पीटता है, अन्धकार को कोसता है और महावन के बीच आने की अपनी स्वेच्छाओं के लिए पश्चात्ताप के आँसू बहाता है !

–दूसरा निःस्पृह है, अवगुण्ठन में समूची काया को बांध लेता है।

–तीसरा स्वमय है :

मत छोड़ो राधे,
पणितल से सुकुमार कपोलों को !
सान्ध्य-बेला,

धरा, वातायन
बरसे बालराशि की धारा,
धारो तुम, बाँटो तुम !

–वह मौसम को अपनी मुट्टी में कैद करना चाहता है।

–अन्धकार में प्यार के दन्त राहु के दो दन्त गड़ जाने से बहनेवाली अमृतधारा को रसमय चूसते हैं, जैसे गन्ने की गंडेरी की संज्ञा में विकसित कर कोई समूचा गन्ना चूसता है।

–कहाँ मिलता है ऐसा अन्धकार ? मिलता कहाँ है ऐसा एकान्त !

मशीनी ज़िन्दगी में पिसते हुए हम ज़िन्दगी का अर्थ भी जानते हैं ?

–नहीं, ज़िन्दगी का पहाड़ा भी नहीं सीखा तो अर्थ कहाँ से उपजेगा ?

–नहीं दे पायेंगे दृष्टि कोई !

❍केलिवृक्ष

❍बोधिवृक्ष

–केलिवृक्ष भी बेजान पत्ते–सा लगेगा और बोधिवृक्ष प्रेत–छाया की तरह दीखेगा!

❑

–दृष्टिमान् है क्या ?

–दृष्टिमान् है वही तो जो क्षितिज तक पहुँचता है।

–क्षितिज के पार क्या है, आवृत्त है सब–कुछ !

–वैज्ञानिकों ने कहा–हमने अनावृत्त कर दिया कि क्षितिज के पार क्या है ?

–वैज्ञानिकों ने कहा, बस्तियाँ बसायेंगे हम वहाँ।

–वैज्ञानिकों ने कहा स्वर अधर में लटके हुए मकानों में कारों के लिए दरवाज़े होंगे।

–क्या नहीं कहा ? कितना नहीं कहा ! जीवन है कहाँ ? जीते हैं हम कहाँ ?

–जीते हैं हम हर वैज्ञानिक की आत्मश्लाघा के बावजूद अन्धकार–भरी रिसती हुई अँधेरी कोठियों में !

–रात जहाँ सौभाग्य है, हम थका देनेवाले प्रकाश की अभ्यर्थना करते हैं।

–सहस्त्रसूर्या कहकर सहस्त्र प्रकाश के सहस्त्र अवकरणों को बढ़ावा देते हैं हम!

❑

–अन्धकार में रहना सीखिये : चंचल चूड़ियों और करधनी की रुनझुन अपने–आप आपके पास पहुँचेगी।

–रुनझुन से भागेंगे तो ज्ञान का अज्ञात प्रदीप त्रिनेत्र से बाहर निकलेगा और पहुँचेंगे आप ज्ञान की अपरिमित ऊँचाइयों तक।

—सृष्टि का संचालक अन्धकार है।
—थकान और दर्द की जीवन-रेखा अन्धकार का महाबोधि प्रसाधन है।
—सामाजिकता के परिवर्तित दायरे और मनुष्यता के अमर प्रतीक अन्धकार की चेष्टाओं और प्रचेष्टाओं के सहभागी हैं।

❑

—पाप करना पुण्य के द्वार खोलना है।
—अपने-आपमें सिमटकर बन्द हो जाना, बुद्धि की उर्वरा-शक्ति की क्षमता है।
—चाहेंगे, पाप और पुण्य को परिभाषित करना !
—बुद्धिचेता और सम्पन्न व्यक्ति इनसे बहुत ऊपर हैं। वह पाप-पुण्य की परिभाषा नहीं जानना चाहता।
—जानना भी नहीं चाहिये उसे ? निर्विकार है जो, आदि है वह अनन्त भी, नियन्ता है श्रेष्ठिधर्मा भी और अन्ततः जो कैलाश के उच्चतम शिखरों को चूमता है, उसे किसी भी संज्ञा से अभिहित करने का अधिकार है किसी को।
—पुण्य के भिखारी राधा की पायल को नहीं देखते। पुण्य के भिखारी पक्षियों के कलरव को नहीं सुनते। पुण्य के भिखारी देवालयों की पद-ध्वनि नहीं सुनते और न पुण्य के भिखारी दृष्टि की क्षमता रखते।
—पुण्य के भिखारियों की दृष्टि में अन्धेपन का इतिहास लिखा है।

❑

—पाप अहंकार है।
—पाप का अहंकार यदि पश्चात्ताप के सरोवर में डुबकियाँ लेने लगे तो वह पुण्य के द्वार तक पहुँच जायेगा।
—जीवन्त रहना अपने-आपमें क्षमा की परिभाषा है।
—जीबन्त जातियाँ, जीवन्त देश, जीवन्त व्यक्ति और जीवन्त धर्म कभी मरण की परिधि में नहीं पहुँचेंगे।
—जीवन्त व्यक्ति कभी नहीं कहेंगे कि पारस्परिक पदचाप के सहभागी बनें। किसी की पदचाप संज्ञाहीन होगी। कोई पराजित होगा। कोई विजित होगा।
—पराजित होने और विजित होने में क्या अन्तर है : व्यक्ति तो वह, समाज, समाज का समुच्चय अथवा देश और देशान्तर का कुरुक्षेत्र समचारी विश्व।
—जय और पराजय परिस्थितियों की विपन्नासन हैं।
—उभरते सूर्य और विगर्भते सूर्य का एकसाथ जयनाद है—जय और पराजय।
—सोचते हैं हम; भटकाती हैं हमें इन्द्रियाँ। सच पूछिये तो आज की पराजय कल की जय है।

–प्रतीकों को पहचानिये, बोधगम्य होगा सभी–कुछ।

❑

–समय : सायंकाल ! आरम्भ होती रात्रि। श्रवण–सभा में सभी आवृत्त हैं। निरन्तर चलती सभा पहुँचती है उन्हें बाहुओं से विलग होने को।

–सन्ध्या काव्यमय है, सौन्दर्य भी है उसमें, मंजुल गीतों का सद्भाव भी है, विग्रह है तो योग–नियोग भी, लेकिन चरमशीर्ष में पहुँचकर वह भोगवाद का प्रतीक बनती है।

❑

–इस प्रतीक को पकड़ लीजिये, पहचान लीजिये। कहीं, कोई, कुछ किसी के लिए नहीं है।

–यह भी पहचानिये कि इसके विपरीत कोण भी है : धरा पर जो भी, जिस रूप में, जहाँ–जैसा उनलब्ध है, सभी के लिए है।

–उपलब्धि को पकड़ने की क्षमता और ऊर्जा ही कर्मठता का ब्रह्म रसायन है।

–ब्रह्म रसायन जिसे मिल जाए उसे क्या चाहिये ?

–क्या चाहिये उसे जिसे पारस मिले या पारस पर परम तत्त्व मिल जाये, क्या चाहिये उसे जिसे अपनी साँसों के साथ साँस लेनेवाला सहचर मिल जाये, चाहिये उसे क्या जिसके नेत्रों की भाषा अन्धकार में लिखे अक्षरों को पढ़ सकती हो।

–नहीं चाहिये उसे कुछ जिसके हाथों में हाथ हैं, जो एकाकी खड़ा होकर भी मन, वचन और कर्म से समवेत है।

–चाहिये उसे क्या जिसकी वाणी नश्वरता के विनष्ट होने के बाद भी प्रतिध्वनि बनकर मुखरित है।

–यही वाणी अमरत्व है। यह वाणी अमृत–कलश है। अमृत–कलश जो भोग और विभोग–दोनों के लिए समद्रष्टा है।

मानव कर्त्तव्य

—कीड़ा प्यासा था। वह पानी पीने आया। उसने एक पतली-सी नाली बनायी और जरा-मरा बहकर पानी उससे बहकर नीचे आया। नज़र पड़ी बनबिलाव की। उसने पानी पीने की कोशिश की, पर एक तो वह बहुत कम था, दूसरा वह मटियाला था। वह हताश और निराश एक झील पर गया। वहाँ पानी की चौड़ी-सी धारा थी। उससे जितना पानी पीते बना, पिया। प्यास की तृप्ति ! उसका सामना कौन करेगा ?
तृप्त होकर वह वहाँ से चलता बना।

❑

—कोई किसी को तृप्त नहीं देखना चाहता।
—हुआ यह कि एक नदी उस कीड़े के पीछे लग गयी।
नदी लगी या नद, सार्थक यह नहीं है, सार्थक है—कोई उसके पीछे लगा। पीछे लगा क्योंकि वह तृप्त हो गया था।
—पीछे लगनेवाला सदैव शक्तिशाली होता है।
—नदी ने धारायें बनायीं और घेरा डालने की कोशिश की।

❑

—मारता है जो उससे बड़ा होता है बचानेवाला।
—बचानेवाला ने नदी-मार्ग को अवरुद्ध कर दिया—उसने रेत और मिट्‌टी से भरे टोकरे को रख दिया। हुआ वही जो होना था—उसने बाँध का काम किया।
—कीड़ा आखिर कीड़ा था, वनमानुष नहीं। उसने अवसर पाया और दुबक गया। दुबक गया और फ़रार।
—नदी पराजित हुई।
—नदी एक कीड़े को भी नहीं बहा सकती।

❑

—कौन, किसे बहा सकता है !

–अपनी शक्ति पर अभिमान रखनेवालों के लिए कीड़ा उनका आराध्य है।
–शक्ति का दुरुपयोग हर व्यक्ति, हर प्राणी और हर सचल करता रहा है।
–अनावश्यक शक्ति का उपयोग जो करेगा, नदी की गति पायेगा।
–नदी की अन्ततः गति क्या है ?–महासागर में समर्पण। महासागर उसे आदर के साथ नहीं स्वीकारता, क्योंकि एक नहीं सैकड़ों नदियाँ हैं जो अन्ततः अपना अहंकार महासागर को समर्पित करती है।

❑

–सोचिये !
–अहंकार हमेशा जीवित रहेगा और विजेता बनेगा, क्या कभी हुआ है ?
–अहंकार की अन्तिम परिणति है–पराजय।
–पराजय से बचना है तो अहंकार से बचना होगा। बचना होगा आत्मदम्भ से।
–बचना होगा इस मिथ्या धारणा से कि विजय के समूचे संकल्प और विजय की समूची अवधारणायें केवल एक व्यक्ति की सम्पत्ति हैं।
–सम्पत्तिशाली, जो विवेकी होंगे, वे ज्ञानरश्मि में बँधे होंगे और विश्वास करेंगे, सम्पत्ति ही सब-कुछ नहीं है।
–सम्पत्ति मनुष्य को नहीं खरीद सकती। इस सत्य को समझेंगे वे तो सम्पत्ति का सामूहिक भोग करते हुए महासागर की तरह श्रद्धा के पात्र होंगे।

❑

–श्रद्धा का चरम स्वर है–आनन्द।
–श्रद्धा कीजिये, श्रद्धा दीजिये, आनन्द आपके द्वार की साँकल खड़कायेगा।
–खड़कायेगा इसलिए कि मिली हुई श्रद्धा या दी हुई श्रद्धा सन्तोष का उद्‌भव है।
–सन्तोष से आनन्द मिलता है।
–आनन्द अस्तित्व का द्वार है।
–आनन्द के लिए न प्रयत्न चाहिये, न प्रार्थना। आनन्द ऐसी अलभ्य उपलब्धि है जो बिन माँगे मिला मोती है, बिना माँगे भिखारी के लिए वरदान है और अनचाहे, अनचीन्हे व्यक्तियों का अचानक सम्मेलन है।
–आनन्द का सम्मेलन सहजात से नहीं मिलता। भाग्यशाली हैं वे जिन्हें अचानक आनन्द की प्राप्ति हो जाती है।

❑

–आनन्द का महत्त्व जीवधारियों में श्रेष्ठतम अनुभव है।

–सभी उसे प्रकट नहीं कर सकते, मात्र मनुष्य है जो इसे प्रकट कर सकता है।
–तब मनुष्य की बात ही करें, यही श्रेयस्कर होगा।

❑

–आनन्द मनुष्य-जीवन के लिए अवसर है।
–इसकी पहचान के द्वार अनेक हैं :

❍ अँधेरी गुफाएँ
❍ मौन संघर्ष
❍ नेत्रों की भाषा
❍ शरीर के उपक्रम
❍ नेत्र-दृष्टि और आँखों-आँखों में ही सब हो जाना
❍ फिर... ?

–सृजनशीलता व्यक्ति का आयाम।
–सृजनशीलता का उन्माद।
–सृजनशीलता एक स्त्री है तो सृजनकर्त्ता पुरुष है।
–स्त्री की सम्पूर्णता अपने शरीर से एक और शरीर का उद्घाटन है।
–सृजनशील रचनाकार का धर्म उस अलभ्य रचना को उत्पन्न करना है जो सदियों को ग्रसित कर लेती हैं और महाप्रलय से उन्पन्न सर्प की विषधर जिह्वा बैठकर समन्दा को आज्ञाकारी बनाती हुई बाहर आती है।
–दम्भ नहीं है यह सृजनकर्त्ता शब्दों और अक्षरों के साथ ठीक वैसे ही खेलती है, जैसे कुम्हार चाक पर बैठा माटी से खेलता है।
–शब्द ब्रह्म है।
–अक्षर ज्ञान है।
–शब्द और अक्षर का धनी महागाथाओं का अमिट आगार है।
–महागाथाएँ चलती रहेंगी सृजनकर्त्ता शेष रहे या अशेष हो जाये।
–मनुष्य-धर्म अशेष होने के लिए है। यूँ भी कह सकते हैं कि जीव-धर्म अशेष होने के लिए है।
–शेष तब क्या है ! शेष है अशेष का सृजन जो काल, सीमाओं और तटबन्धों पर परखा जाता है; जिसे स्वर्ण-परिचय की छोटी-सी भूमिका से गुज़रना होता है और जो अन्ततः प्रतिद्वंद्वियों के चक्रव्यूह में फँसता है। जो चक्रव्यूह नहीं तोड़ सका, समय उसे निगल गया।
–समय उसी मुट्टी में होगा जो चक्रव्यूह को भेदकर निकलना भी जानता होगा।

❑

–घेरा हुए हैं हमें मधुमक्खियों के कितने छत्तों ने !

–छत्ते शहद से ओत-प्रोत हैं : या तो उस शहद के छत्ते को तोड़कर हम शहद पी जायें अथवा सृजक मधुमक्खियाँ हमारा ही खून चूस लेने में समर्थ हैं।

–प्रश्न सामर्थ्य का है !

–किसमें कितना सामर्थ्य है, वही उसके जीवन का स्रोत है।

–सामर्थ्य का दुरुपयोग करनेवालों की कमी नहीं है, लेकिन वे हमारे पात्र नहीं हो सकते।

–सामर्थ्य का दुरुपयोग जो भी करेगा, अन्ततः नैसर्गिकता का शिकार होगा। बन्दी होगा वह और अन्ततः लज्जा, पराजय और तिरस्कार की मौत का शिकार बनेगा।

–शिकार होने के बाद पछतायेगा वह कि उसने अपने सामर्थ्य का सही उपभोग क्यों नहीं किया ?

❑

–समय काल-दंड है।

–समय काल-पहरुआ है।

–समय वह निर्मम साथी है जो अनीति के साथ नहीं चल सकता। वह अनीति को खून की तरह पी लेगा।

–समय की मुट्टियाँ जब पिसती हैं तो आकांक्षा होती है उनकी, हमसे स्वर्ण मुद्रायें निकलें, हमसे मक्खन बाहर आये और हम निरीह, हीन, दीन साथियों के प्रतिगामी बनें।

–पिसती हुई समय की मुट्टियाँ जब रक्त-स्रोत का माध्यम बन जाती हैं तो स्वयं चीखती हैं।

–यही चीख है कि किया हुआ अपराध नहीं छुपाया जा सकता।

–रक्त-रंजित क्षेत्र रंग-क्षेत्र नहीं बन सकते।

–अत्याचार की सीमायें असीम नहीं बन सकतीं।

–सम्पत्ति का सम्राट् स्वामी नहीं बन सकता।

–अपने-आपमें सन्तुष्ट व्यक्ति समृद्ध नहीं है, किसने कहा है ?

❑

–जीवन-मार्ग सहज नहीं है। सहज नहीं है इसलिए कि हमारी उत्पत्ति तो अत्यन्त सहज है, आनन्दमयी है; लेकिन हमारा अतिक्रमण दर्द और क्रन्दन से भरा है।

–दर्द के बाद मुस्कान का अवतरण होता है।

–अवतरण के बाद व्यक्ति का धर्म बदल सकता है।

–वही व्यक्ति फिर गालियों की भाषा में उतरता है।
–गालियाँ अन्ततः पश्चात्ताप को जन्म देती हैं। तब पश्चात्ताप की भयाग्नि से समदृष्टि होना होगा।
–कितना बड़ा घेरा है यह धरती और क्षितिज का।
–क्षितिज, जिसे आकाश कहकर एक मिथ्या भ्रम पालनेवाले कम नहीं हैं।
–नहीं जानते वे, आकाश अनन्त है, क्षितिज हमारे नेत्रों की परिभाषा है।
–निरन्तर मिथ्याभ्रम और झूठ में जीनेवाली हमारी ज़िन्दगी तब दम्भ भरती है किसका ! कोई नहीं उसका स्वामी, नहीं कोई रक्षक उसका, वह कुंडलिनी में बँधे काल-सर्प के सामने सदैव विवश होता है।

❑

–मित्र, सत्य को पहचानिये। उस कीड़े को प्यास ही तो लगी थी, तुम पानी भी नहीं दे सकते।
–कीड़े को बचने के लिए स्वयं संघर्ष करना पड़ा और तुम खड़े देखते रहे; हे महाशक्ति के पुंज पुरुष, खड़े देखते रहे एक प्यासे कीड़े को।
–प्यासे क्षुद्र कीड़े की प्यास यदि नहीं बुझा सकते तो फिर किसकी प्यास बुझा सकोगे।

❑

–प्यासे को पानी, भूखे को भोजन; ब्रह्मवाक्य रहा है हमारा।
–अरक्षित को रक्षा और सुरक्षित को सेवा के लिए विवश करना मानव-कर्त्तव्य है।
–अपना मानव-पाल रहे हो ! सोचो !

अहंकार नपुंसक है

–प्रश्न एक जिज्ञासु का :

–मनुष्य-शरीर का लचीलापन कहाँ नहीं है ?

–कौन-सा अवयव है जो निरन्तर वायु की तरह पालने में झुलाता और भटकाता है ?

❑

–दोनों प्रश्न सार्थक हैं। दोनों सहोदर हैं और आलिंगन-बद्ध हैं। एक स्वष्ट हो जाये तो दूसरा सहज होगा।

–सहज होगा उत्तर, समझ की गालियाँ उलझनों की झाड़ियों में तब भी फँसी होंगी। फँसे हुए को निकालना सहज है, नहीं भी। विचार कीजिये, चेतना के द्वार आहट दे देंगे।

–मनुष्य-शरीर का दृढ़तम अंग है–सिर। सिर में लचीलापन नहीं है और वही है जो झुकता नहीं है। जहाँ हम समझते हैं कि हमने सिर झुका दिया, सचमुच हम एक ग़लत परिभाषा को मान लेते हैं–झुकती है गर्दन। गर्दन शरीर के अन्य अंगों की तरह ही एक अवयव है।

गर्दन के ऊपर है सिर और यही है जो न झुकता है और न नष्ट होता है।

–चिन्तन और चेतना के बीज-मन्त्रों का यही केन्द्र-बिन्दु है।

–स्थिति अजीब : सिर सुदृढ़ है तो वही है जो वायु की तरह भटकता है और सोच के अनन्त द्वारों को एकसाथ इस तरह खोलता रहता है कि मनुष्य की समूची क्रियाशीलता उसी तरह संचालित होने लगती है।

❑

–भटकन हमारा सबसे बड़ा शत्रु है।

–भटकन की कोई एक दिशा नहीं होती : वह परम्पराओं से साक्षी होकर उनका मित्र बनता है तो वही परम्पराओं को तोड़ने के लिए कृत-संकल्प हो जाता है और विनाश के बादल बनाने लगता है।

–हम भटकन को न अपनी मुट्टियों में कैद कर सकते और न उसे पतंग की तरह उड़ाकर खेलने का मज़ा ले सकते।

–तब ?

–तब क्या कोई और रास्ता नहीं है ? यह भटकन हमें अन्त तक निरापद नहीं रहने देगी ?

–नहीं, रास्ता है। रास्ता कठिन भी नहीं है। सहज उतना तो नहीं, परन्तु प्रयत्न उसके सहभागी हैं, इसलिए चिन्ता भी नहीं होनी चाहिए।

❑

–ध्यान

–हाँ, भटकन से बचने का एकमात्र शस्त्र है ध्यान !

–ध्यान में तीव्र आभा है।

–ध्यान मौन है किन्तु प्राणों के गीत उसमें आकण्ठ डूबे हैं।

–ध्यान करने से अन्तश्चेतना के बाकी सभी अंग मौन हो जाते हैं।

–ध्यान के सामने समर्पण निश्चित चेष्टा है।

–समर्पण विश्वास है। विश्वास में ही आस्था की प्रतिध्वनि है।

–प्रतिध्वनि व्यर्थ के कम्पनों से बचा लेती है। सामने तब मात्र ध्येय रहता है।

–बन्दूक चलाना सीखनेवाले को जैसे चाँदमारी के समय एक काले बिन्दु पर अपनी आँखें और बन्दूक की दुनाली को केन्द्रित करना होता है, उसी तरह ध्येय-यात्री को पवन-प्रवाहों से अपने को अलग कर स्थिर करना पड़ता है।

–स्थितप्रज्ञ होना सिद्धि को पा लेना है।

–सिद्धि यानी आकांक्षा, इच्छा, अभिलाषा !

–स्थितप्रज्ञ सामान्य से असामान्य होकर ध्यान के अलौकिक जगत् में पहुँच जाता है।

❑

–ध्यान में अगाध क्षमता है, क्योंकि वह एकाक्षी है।

–ध्यान के एकाक्षी होने का प्रमाण कृष्ण की बाँसुरी की रागात्मकता में मिलता है।

–दिन हो या अँधेरी रात–बाँसुरी के स्वर सभी में स्याही पोत देते हैं। विचार हाथ से निकल जाता है और स्वर के राग-केन्द्रों में जीवन की गति समाहित हो जाती है।

–ध्यान का ही क्षण है जिसने गौतम बुद्ध से प्रासाद छीन लिये, महावीर से भोक्ता-पद छूट गये।

–ध्यान ही है जो काव्य को जन्म देता है और कबीर–जैसे अक्खड़, अनपढ़ को ज्ञान की स्वर्ण कसौटी दे जाता है। वह उस अमरवृक्ष के नीचे खड़ा कर देता है जहाँ कुछ माँगना नहीं होता, अपने–आप जिज्ञासाओं के द्वार खुलकर सार्थक हो जाते हैं।

–रैदास जूते सीते थे। जूते सीना ध्यान के बिना सम्भव नहीं है। वही ध्यान एक दिन ऐसा जागृत हुआ कि रैदास ध्यान की आत्मा में खो गये और स्वरों की दुनिया में डूब गये।

–यह ध्यान है जिससे एक अदना–सा आदमी स्वामी, संन्यासी, सूफ़ी और चिन्तक बनता है।

–सूफ़ी, चिन्तक और साधक ही हैं कि उनके जहाँ–जहाँ हस्ताक्षर होंगे वे जड़ भी जीवित होकर जीवन की साँस लेने लगेंगे।

–अमिट हस्ताक्षर ही तो साक्षात् ब्रह्म है और जिसे वे मिल जायें, अभिलाषायें शेष नहीं रहतीं।

❑

–एक पात्र का स्मरण होता है। वह है अंगुलिमाल। अंगुलिमाल ने हज़ारों हत्याएँ की थीं। अचानक एक दिन महात्मा बुद्ध उसके सामने पड़ गये। अंगुलिमाल का फरसा उठ गया। आदत थी उसकी। आदमी की सबसे बड़ी लाचारी है, उसकी आदत। परन्तु उसे क्या पता था कि उसके सामने भगवान् बुद्ध हैं। बुद्ध ने मुस्कराते हुए कहा, 'अंगुलिमाल, तुम्हारे फरसे से मरना सर्वोत्तम श्रेय है।' मृत्यु के पूर्व दुःखों को विजित कर लेना ही तो अनश्वर होना है। बुद्ध ने कहा, 'मुझे उस वृक्ष के कुछ पत्ते चाहिये। वे दे दो, फिर अपने फरसे का प्रयोग करो।'

–अंगुलिमाल ने पलभर में ढेर–से पत्ते तोड़ दिये। कोई भी तोड़ सकता था। बुद्ध मुस्कुराये, 'अब एक काम और करो ?'

–'कहिये, कुछ और तोड़ना है ? इस वृक्ष को तोड़ना है ?'

–'बहुत सहज है यह', बुद्ध ने कहा, 'कुछ भी तोड़ना बहुत सहज है। मैं तोड़ने के लिए नहीं कहूँगा तुमसे। एक छोटा–सा काम कर दो, तोड़े हुए पत्तों में से एक को भी वृक्ष में जोड़ दो, बस।'

–अंगुलिमाल किंकर्त्तव्यविमूढ़ भगवान् बुद्ध को देखने लगा। देखते–देखते उसने फरसा फेंक दिया और शरणागत हो गया, 'नहीं प्रभो !'

अंगुलिमाल बच्चों की तरह रोने लगा।

–तोड़ना सहज है, जोड़ना असम्भव है। जिस दिन जोड़ने की ताकत आ गयी, सिद्धि का वह श्रेष्ठतम वरदान बन गया।

–ध्यान अंगुलिमाल का फरसा है। 'ध्यानावस्थित तद्‌गतेन मुनष्यत:' वही तो योगी होता है।

–योग में भटकन नहीं है।

–योग में मात्र ध्यान है और ध्यान अहंकार से कोसों दूर है।

–अहंकार से बड़ा शत्रु और कुछ नहीं है, क्योंकि अहंकार मात्र आश्वासन देता है। अहंकार उसी तरह है, जैसे बिल्ली आँख बन्द कर दूध पीती है और समझती है कोई नहीं देख रहा।

–सृष्टि पुंसत्व का सुन्दर वन है।

–इस सुन्दर वन को अपना आगार बनाइये, ध्यान केन्द्र–बिन्दु होगा, भटकन अंगुलिमाल की पराजय और मनुष्य–जीवन भ्रान्तियों से दूर : 'समरस थे जड़ या चेतन, सुन्दर साकार बना था। चेतना एक विलसती, आनन्द अखंड धना था।'

अन्तरात्मा की आवाज़

–प्रतिध्वनि

❑

–सुन रहा हूँ मैं स्थिति से, अनस्थिति से, गत से, विगत से, आगत से।

–प्रतिध्वनियों ने मुझे घेर लिया है।

–प्रतिध्वनियाँ मेरे सामने आकर बातें करने लगी हैं : 'तुम्हें देखा था। तुम्हें देखा है। तुम्हें देख रही हूँ...और तुम्हें देखूँगी।

–देखोगी मुझे, कब तक ?

–जीवन के पार तक। नहीं छोड़ूँगी पीछा।

–कब छोड़ा था पीछा।

–जन्म हुआ एक बालक का। शोर और शोर... । शोरों के बीच उसका व्यतीत खो गया। शोरों के बीच दूसरों की शान्ति भी खो गयी...।

–...लेकिन नहीं ! एक माध्यम प्रकट हुआ। उस माध्यम के बहाने चाँद मुट्टी में कैद हुआ। माध्यम ने चिड़ियों को बुलाया। माध्यम ने नचा दिया सबको !

–भूल गये वे कि माध्यम के बहाने वे अपने बचपन में पहुँच गये हैं !

बुला रही थी मैं बचपन को
बोल उठी बिटिया रानी
और
बोल तो बोल बादल बोल
बादल बोल कितना तुझमें पानी !
कौन कहे कितना पानी
खतम करे कौन कहानी।

–सो, माध्यम बोलता रहा, अनन्त पानी जुटता; पानी नापता रहा, आकाश देखता रहा, भेदता रहा, थाह नहीं लगायी किसी ने कभी कितना है पानी !

❑

–पानी की तलाश जीवन–यात्रा है।

–घन है, सघन है, निंद्य हैं, अनिंद्य है यह जीवन–यात्रा। यात्रा–पथ साफ़ है तो जीवन को चुनौती देता 'अनायासों' से भरा हुआ भी है।

–यहीं से उभरती है प्रतिध्वनि !

–सपाट सड़कों से उभरती है प्रतिध्वनि !

–गट्ठों से उभरती है प्रतिध्वनि !

–संकेत है प्रतिध्वनि सुख और दुख के नियामकों को।

–मनुष्य का जन्म एक प्रतिध्वनि है।

–मनुष्य का क्रियाएँ प्रतिध्वनि का जंगल है।

–मनुष्य का प्रेमालाप एकान्त, शान्त में तैरती वे तरंगें हैं जो रंगों से सराबोर हैं। रसभरी है प्रतिध्वनि।

–प्रतिध्वनि जीवन का एक अध्याय से सृजन के क्षण उभरेंगे।

–जीवन के इसी अध्याय से सृजन के बीज पनपे और यहीं से ज़िन्दगी बहुवचन होगी।

❑

–खुला निरभ्र वातायन। इसी वातायन से प्रतिध्वनियाँ निकलती हैं।

–गहन गम्भीर सागर, वह प्रतिध्वनियों से पीड़ित कैंसर का रोगी है।

–सहती है सब धरा !

–धरा जानती है धारण–प्रक्रिया को, इसलिए सहती है प्रतिक्रियाओं के आघातों को।

–धरा यह भी जानती है कि कम्पन नहीं होगा, भूचाल नहीं आयेगा, उसकी गर्भा जलाशय–सहृदयता नहीं फटेंगी और मौसमों की खेती नहीं होगी तो वह अपने नाम को सार्थक कैसे करेगी।

–सब–कुछ इसलिए धरा को स्वीकार्य है।–स्वर वे नदी, नालों, पर्वतों, आकाश या व्योमाकाश और समन्दर से उभरते हैं, बल्कि शब्द वे जो अँधेरे में दूरदराज़ किसानों के घर से उपजकर समूचे वातावरण को रसमय बना देते हैं :

सारी बदरिया कारी रे
जियरा नहीं लगे हमार
पायल, बोंहटा बाजे रे चूड़ियाँ
तेरे बिन लगे न जियरा हमार।

–मिलन के क्षण अद्‌भुत होते हैं। ये क्षण स्वयं स्वरों को जन्म देते हैं। स्वर जन्म

न लें तो सार्थक क्या होगा ?

❑

–शान्ति केवल एकान्त में नहीं पलती।

–शान्ति एकान्त में पलती है, यह सत्य की परिधि में सबसे बड़ा झूठ है।

–एकान्त सबसे अधिक अशान्त होता है।

–एकान्त के अशान्त का अपना अर्थ है।

–शान्ति के गिद्ध शेयर बाज़ारों में पलते हैं। शान्ति के गिद्ध सड़कों और सभाओं में पलते हैं।

–शान्ति के गिद्ध कुर्सियों में सिमटकर बैठ जाते हैं।

–शान्ति के गिद्ध युद्धों में पंख पसारकर अपना शिकार खोजते हैं।

–वह सब जो चेतना-शून्य है शान्ति का अवरोधक है। वह घर का भेदिया है। देशद्रोही है वह और मनुष्य जीवन का समग्र समुच्चय-बोध अनासक्त बना देता है।

❑

–प्रतिध्वनि सहज भी होती है।

–शाम का समय। ठीक बाज़ारू शहर का थियेटर हाल। चहल-पहल से भरा है वह। अचानक प्रकाश मन्द होता है। स्टेज से किसी वाद्य के स्वर उभरते हैं। स्वर एक उभरता है फिर वह स्वरों में बदलता है। स्वरों के बीच घुँघरुओं की आवाज़ें और फिर स्टेज पर उभरते प्रतीक ! हाँ, प्रतीक।

–हर प्रतीक शब्दार्थ होता है।

–अर्थ होता तो स्वर उसके साथी होंगे।

–गति मन्द, शिथिल चरण, भेद और छेद की प्रतिद्वन्द्विताएँ और समूचे स्टेज का स्वर-लहरी में डूब जाना।

–स्टेज का स्वर-लहरी में डूब जाना समूचे थियेटर हॉल को परम शान्ति में ले जाना है।

–हाँ, स्वर-कोलाहल के ये शब्दभेदी, अर्थवक्तासम्पन्न सोपान परम शान्ति की सार्थक संज्ञा हैं।

–शान्ति इसलिए कि सभी कुछ उपलब्ध है वहाँ। शान्ति में एकाग्रता चाहिये। शान्ति समन्वय चाहती है। शान्ति आत्मविस्मृति है।

–शान्ति समाहित होना चाहती है ऐसे पात्र में जो उसके योग्य है।

–समाहित शान्ति से बड़ा एकान्त कहीं नहीं मिलेगा।

❑

–आइये, एक विपरीत खंड में : समूचा श्वेत–वसन कमरा शान्तिपूर्ण है। बिस्तर भी अशान्त नहीं है। दर्शक और पारखी होठों को सीये हुए हैं। कमरे में मात्र एक घड़ी है जिसका पेंडुलम हल्का स्वर दे रहा है।

–इस सत्य के बीज सजग होकर देखिये–न कमरा शान्त है, न कमरे का बिस्तर शान्त है। शान्त नहीं है कोई आगन्तुक भी।

–समूचा कमरा बाह्य दृष्टि से नितान्त शान्त है, लेकिन वह अखंड खंडित शान्ति का परम अशान्त शैवालय है।

–शैव शान्ति के प्रतीक नहीं हैं।

–शिव जन्म और मृत्यु के समान रूप से सहभागी हैं।

–जन्मते ही कमरा क्रन्दन से भर उठता है। कमज़ोर और अस्थिर होते ही कमरा अशान्ति–भरी शान्ति में पलता है। और...

–और जीवन की आन्तिम शान्ति के सभी भागीदार पहरुए नितान्त शान्ति की भयपूरित अशान्ति में आकण्ठ डूबे होंगे।

❑

–जो हो, जैसा हो, शान्ति हो या अशान्ति–प्रतिध्वनि सभी की नियामक है।

–प्रतिध्वनि के अनेक केन्द्र हैं :

❍प्रतिध्वनि नाभि से प्रस्फुटित होती है

❍प्रतिध्वनि शून्य की उपज है

❍प्रतिध्वनि महाशून्य की शैवाल है

❍प्रतिध्वनि आत्मदर्शन का आभास है।

–मध्य रात्रि !

–शुभ्र चाँदनी !

–सघन वन !

–सौन्दर्य–जाल से उलझे अदृश्य हे रमणी, तेरे केशपाश !

–भय कहाँ है तब ? हाँ, लेकिन है, लगता है पीछा कर रहा है कोई ?

–अपने ही पैर धोखा देते हैं। लौटकर देखिये तो कुछ नहीं।

–कौन था जो पीछा कर रहा था; भूत कोई, प्रेत या जंगली जन्तु...

–...नहीं, मनुष्य का पीछा करने की सामर्थ्य इनमें से किसी में नहीं है।

–वे हैं प्रतिध्वनियाँ जो पीछा करती हैं।

–प्रतिध्वनियाँ निराकार, निरूप, निरामय और अर्थबोध से बोझिल होती है।

–लौह धातु को पारस मिल जाये और श्वास को अमृत–बिन्दु तो सत्य का

सनातन स्वरूप सामने आ जायेगा। प्रतिध्वनि साकार होगी हमारी ऊर्जा में, हमारी चिर आकांक्षा में और हमारे जीवन की अमृत-धारा में।

–समाहित होगी तो गन्धक नहीं आयेगी पारे के पास। जानते हो, क्या होता है गन्धक यदि पारे का स्पर्श कर ले? नहीं, तो प्रयोग करो, जीवनशाला में एक नया पाठ पढ़ो, पारा घुल जायेगा।

–गन्धक पारे का विस्मार्क है। वह शान्त भाव से पारे को विनष्ट कर देती है। ❑

–प्रतिध्वनि!

–प्रतिध्वनि गन्धक बन सकती है।

–प्रतिध्वनि प्राणघातिनी हृदयविदारक चीत्कार भी।

–वही प्रतिध्वनि हमारी चेतनता शक्ति है।

–प्रतिध्वनि आती है, स्वर्श करती है पवन की तरह और...

–और प्रतिध्वनि या तो फुसकार कर लौट जाती है अथवा झंकृत करती है समूचे अस्तित्व को।

–अस्तित्व की वास्तविक चेतना हमारी अपनी प्रतिध्वनि है।

–अनास्था की चेतना भी प्रतिध्वनि है।

–प्रतिध्वनि अन्तरात्मा की आवज़ है।

–अन्तरात्मा की आवाज़ को सुनना और सुनकर पहचानने का प्रबल संबल हर सामर्थ व्यक्ति को जुटाना चाहिये।

खुली किताब

–सहज जिज्ञासा है :
–कब, कैसे किससे रहा जाये।

❑

–रहो सावधान ! वह बाँसुरी के स्वरों पर तैरता-सा दिखेगा। सारंगी से झूमता और वीणा से खेलता !
–मृगछौना है क्या वह ?
–हर पल, हर क्षण चुपचाप स्वर पीकर वह रह नहीं सकता। कभी ढोल चाहिये तो कभी मान्दर। तीव्र झंकृत वाद्यों की उत्पत्ति वैसे ही नहीं हुई !
–वास्तव में पहले तीव्र वाद्यों का उदय हुआ, जैसे पहले पीड़ा ने जन्म लिया।
–तीव्रता के कठोर हथौड़ों को झेलने के बाद तरल मन मद्धिम स्वरों की आकांक्षा करता है।
–पीड़ा की चरम परिणति ही सुख का समागम है ?

❑

–मन शान्त हो जाये तो वह आकांक्षाओं का मरण है ! अशान्त मन ही नये-नये दुर्गम मार्गों के बीच खोजी बनकर सहजता स्थापित करता है।
–मन में जो भी आये कह दें तो भारीपन से बच जायेंगे। बनावटी शान्ति भीतरी धोखा है और उससे गहन आघात का भय है।
–ज़िन्दगी सहज मार्ग नहीं है : कभी पानी की तरह हिलेगी तो कभी आंधियों की तरह प्रचण्ड बनेगी। दोनों अन्ततः शान्त होते हैं; शान्ति के लिए भीतरी अशान्ति का विमोचन कर दें तो शिकायत नहीं रहेगी–न अपने-आपसे और न दूसरों से !
–व्यक्तित्व का निर्माण हथौड़े और पत्थरों की टकराहट और फिर उनसे उद्भूत एक तराशी हुई आकृति है।

–हथौड़े और पत्थरों में चोट नहीं होगी, आघात–प्रतिघात नहीं होंगे तो ज़िन्दगी भटकी हुई अकेली आवाज़ हो जायेगी।

–अकेलापन हमारा सबसे बड़ा शत्रु है। वह दीमक की तरह भीतर–ही–भीतर हमें खोखला करता है। सम्भवत: इसलिए परिवार और समाज जैसी इकाई को जन्म मिला।

–अपने आचारों, विचारों में यदि इतने ही स्पष्ट हो जायें तो भय नहीं रहेगा।

–भय हमेशा छिपने या छिपाने से होता है। एक खुली किताब सार्वजनिक दस्तावेज़ है, दस्तावेज़ का ही मूल्यांकन होता है, शोध होते हैं और व्यक्ति की चेतना और सफलता की सीढ़ी को नापा जाता है।

❑

–सदाबहार शान्ति सत्य नहीं है–सदा अशान्त भी असत्य है।

–असत्य कोहरा है; कोहरा क्षणिक होता है, लेकिन आत्मघाती और पराक्ती उसी का लाभ उठाते हैं।

–जंगल में निर्भय घूमनेवाले जानवरों पर हमलावर जब आघात लगाता है तो निर्दोष की हत्या होती है।

–शिकारियों को इसलिए चुपचाप जाने देना चाहिये और अपनी सुरक्षा के लिए महाबलि वन की उपत्यकाओं कस सहारा लेना चाहिए।

–सब–कुछ इतना आसान भी नहीं है।

–सावधान !

–शिकारी शहरों में आ गये हैं !

–शिकारियों ने आदिम सभ्यता का वरण कर लिया है।

–शिकारी विकसित समाज में पहुँचकर भी पीठ दिखाकर उल्टे भागने लगे हैं।

–वे रक्त चाहते हैं।

–हत्या उनके लिए खेल बन गया है !

–हिरणों को वे मारते हैं, गिलहरियों की खाल खींचते हैं।

–उद्दंड कुत्तों की तरह पागल हैं वे।

–जुगाली करने की उन्हें आदम पड़ गयी है; जमे हुए रक्त को सुरक्षित रखकर चाटते रहते हैं और हड्डियों को तराशकर उनकी मालायें बनाते रहते हैं।

–चौंकिये नहीं, ये फिर भी आदमी हैं।

–बहुत शान्त हैं वे ! संयमी दीखते हैं। प्रेम और श्रद्धा उनका मुहावरा है। चेहरे पर दूसरा चेहरा लगाना उनका खेल है।

–खतरनाक मोड़ों से जाना और खतरनाक तथा खौफ़नाक स्थितियाँ पैदा करना

उनकी सहज गति का एक अंग हो गया है।

❑

–तब ?

–जंगल से गुज़रते हुए तो कहा था, शिकारियों को गुज़र जाने दो !

–शहर में जब वे तहलका मचायें तब ?

–सारी बौद्धिक चेतना, इतिहास के अध्याय, ग्रन्थ–पुराणों की गाथायें और ऐसे व्यतीत प्रसंगों को उजागर करना तब सार्थक हो जाता है।

–क्या करें, क्या न करें कहना कठिन है। वे ही समझदार हों तो हमारी सोच की रेखाएं गहरी क्यों हों। वे नहीं हैं, इसलिए हमारे माथे पर सलवटें खिंच गयी हैं और वे गहरी होती जा रही हैं !

–निराश नहीं हूँ मैं और न पराजित ! जंगल के शिकारी यदि शहर में आ गये हैं तो निश्चय ही उन्होंने शहर को भी जंगल समझ लिया है।

–जंगल–तंत्र का अपना प्रावधान है। वहाँ भी समवेत और संगठनात्मक सुरक्षा की व्यवस्था है।

–शहर में उसे ही अध्यादेश के रूप में घोषित करना होगा !

❑

–और व्यक्ति को ?

–अकेले व्यक्ति से सावधान ! उसकी शान्ति न तो महाबोधि वृक्ष है और न बाँसुरी के स्वर ! भीतरी घात और प्रत्याघात लगाकर कभी भी हमला करने का प्रत्यक्ष प्रमाण हैं वे।

–इनसे सावधान !

–जंगल के वहशियों से शहरी सभ्यता की अपेक्षा व्यर्थ है।

–सामर्थ्य जुटाना है; व्यर्थ को अव्यर्थ करने की और व्यक्ति को पहचानकर अपनी खुली किताब को समृद्ध करने की।

अंतर्ज्ञान

मनुष्य और आदमी

—प्रश्न है : अच्छा आदमी कौन है ?

❑

—उत्तर सहज हो सकता है : अच्छा है वह जो सवांग है। सहज है। कटुता से परे है अथवा वह आत्मकेन्द्रित है, किसी से सम्पर्क नहीं रखता। किसी का भला-बुरा नहीं चाहता।

—अर्थ हुआ, वह नितान्त एकान्तसेवी है, निर्मूल है और अपने सिवाय किसी के लिए चिन्तित नहीं है।

—नहीं, नहीं है यह। यह परिभाषा तो आत्मकेन्द्रित, भयग्रस्त और निरुत्साहित व्यक्ति की है।

—तो?

—तो, वेद व्यर्थ नहीं हैं। चिन्तक का मौन अबोल बहुत-कुछ कह गया है। कह गया है तो इस तरह नहीं कि हम स्वयं अपने-आपको तो नहीं देख सकते तुलनात्मकता के लिए दूसरों को देखते हैं।

—सोचिए इसपर फिर से :

❍हम अपने को देख सकते हैं

❍आईने में जो प्रतिच्छाया दीखती है, वह क्या वास्तव में सत्य है

❍हमारे आचार, हमारे व्यवहार, हमारे विवरण और हमारे क्रियाकलाप क्या वास्तव में हमारी वह प्रतिच्छाया हैं जिनसे इस प्रश्न का उत्तर मिल सकता है अथवा व्याकरण का एक अध्याय लिखा जा सकता है।

—मोती से स्वच्छ वस्त्र और मेघ-गर्जना से तेज़-तर्रार स्वर किसी को भी अच्छा आदमी परिभाषित नहीं होने देंगे।

❑

—पहले तो आदमी बनने की बात आती है। आदमी के बाद फिर विशेषण—अच्छा

या बुरा। यह सब इसलिए कि आदमी भी सहस्र जीवधारियों में एक बिन्दु मात्र है। बिन्दु कब, कैसे और क्यों विस्फारित होता है, यह समूची एक गूढ़ प्रक्रिया में ही जीवधारियों के बीच एक नये जीवधारी का अस्तित्व उभरता है; उसे कहते हैं मनुष्य।

–हर मनुष्य आदमी नहीं हो सकता। मनुष्य मनुष्य हो सकता है–जैसे अश्वत्थ (या पीपल) अथवा वट। दोनों महावृक्ष हैं। समान क्षमतावान् होते हुए भी 'महाबोधिवृक्ष' तो एक ही होगा।

–वह शाश्वत है, अविनाशी है और अक्षय है। वह नष्ट होकर कालग्रास बनने के बाद भी वायु में लहराती धराहीन जड़ों से एक नया तना निकाल देता है। इसी तने से फिर नव पल्लव प्रस्फुटित होने लगता हैं। कहा जाता है कि प्रलय के बाद भी वट शेष रहा है।

–इसी की तरह अश्वत्थ या पीपल का वृक्ष है। पीपल ऊर्ध्वगामी है। पीपल के सभी पर्ण एकरूप होते हैं, तब भी वे परस्पर भिन्न हैं। पीपल के असंख्य पर्णों में कोई भी दो पर्ण एक जैसे नहीं होते। पीपल वटवृक्ष की तरह कभी शान्त नहीं रहेगा। वह वायु-वेग के सहारे सहचिन्तक बनेगा अथवा अपनी चेतना से वायु को जन्म देकर पर्यावरण का भागीदार बनेगा। दिन हो या रात पीपल ओषजन छोड़ता है। सम्भवतः ज्ञान का मूल-केन्द्र यही अश्वत्थ रहा है। जीवनी-शक्ति का निरन्तर, कालहीन परिचायक कभी अन्त तक नहीं पहुँच सकता। वह शाश्वत होगा। वह महाबोधि।

❑

–मनुष्य से आदमी बनने की पहचान के लिए यह एक अत्यन्त बारीक समीकरण, एक मीमांसा है। दोनों में से कोई कम नहीं। दोनों अपराजेय हैं और अपनी सम्यक् लक्ष्मण-रेखा में श्रद्धेय हैं।

–कहते हैं तब भी अश्वत्थ बनो, वट-वृक्ष की ज़िन्दगी लेकर महावृक्ष के भागीदार मत बनो।

❑

–स्वर-सरोवर में दृश्यमान दो पुष्प खिले थे : दोनों का अनिंद्य सौन्दर्य, दोनों कालबोध और मौसम के साक्षी–

❍एक है कमल

❍दूसरा है कदम्ब।

–कमल चिन्तन के लिए या सोचने के लिए बाध्य करता है।

–सोचता है जो उसके मार्ग में बाधा कभी नहीं आयेगी; आयेगी तो वही होगी

जैसे तेज़ दोपहरी में पसीने से लथपथ एक व्यक्ति है। वह लगता तो परेशान है, किन्तु ज़रा-सी छाया उसे तत्काल आगे बढ़ने के लिए व्यग्र कर देती है।

–जो सोचता है, वह कभी भटकता नहीं।

–सोचता है जो मन उसी का चिन्तक है।

–सोचने और चिन्तन की प्रक्रिया ने चेतन-मस्तिष्क को सदैव जन्म दिया है।

–क्रान्ति का समूचा इतिहास चेतना की नंगी स्लेट पर लिखा गया है।

–विश्व-संकल्प के प्रेरणा-स्रोत और प्रगति के चरण-पग-तल मस्तिष्क की चेतन धारा के ही प्रतिफल हैं।

–कमल में वास किसका है, कमल में सुवास कितना है–यह सब सोचना व्यर्थ है। उसमें सोच है, सोचने के बीज हैं–यही सब सोचने के अवयवों का विध्वंस कर देते है।

–कदम्ब अपनी जगह है। कमल मात्र तालाब में नाजुक टहनियों में खिलते है, किन्तु कदम्ब एक महावृक्ष है।

–कदम्ब की डालों पर ही झूले पड़ते हैं, किलकारियाँ गूँजती हैं और गेंद की तरह सुवासित श्वेत पुष्प खिलते हैं।

–कदम्ब क्या खिला, निरभ्र वातायन में चन्द्रकला फैल गयी : चन्द्रमा तब एक नहीं रह जाता, वह अनेक हो जाता है।

–कदम्ब के पुष्प प्रेमियों को प्यारे रहे हैं। कृष्ण लीला के वे आधार हैं।

–ईश्वर की अनन्त सत्ता एक वृक्ष में कितने स्वरूप ले सकती है, कदम्ब उन सभी स्वरूपों का अर्थवान् साक्षी है।

–कदम्ब के पुष्प में सुगन्ध है, दृष्टि है, सन्तोष है, लज्जा है, प्रतिष्ठा है और समचेतना है।

–कमल और कदम्ब सम्यक् होकर भी अलग पहचान के भागीदार हैं, क्योंकि कमल दाता है :

❍ दाता है तो दान का अन्त नहीं

❍ याचक भी अनन्त हैं, परन्तु तृप्ति का वरदान जहाँ हो वहाँ गणित का पहाड़ा काम नहीं करता।

❑

–मनुष्यता कमल और कदम्ब दोनों का अभिषेक है। सम्भवतः दोनों इसलिए आकर्षण के केन्द्र हैं–सामान्य दृष्टि के लिए और सृजनशील मानसिकता के लिए भी।

–तराजू के बराबर पाये पर खड़े हैं हम।

–तब ?

○सोचें हम; आकांक्षायें न हों तो जीवन जीवन क्या होगा !

○ज्ञान न होगा तो आकांक्षाओं की दृष्टि कहाँ से मिलेगी !

○ज्ञान भी हुआ और कर्महीन हुए तो जीवन का क्या होगा !

○कर्म भी किया और प्रतिफल नहीं मिला तो ?

–समग्र चेतना के साथ कर्म करने के बाद प्रतिफल न मिले, चिन्ता किस बात की ! यत्न अपने-आपमें एक कर्म है। यत्न की निरन्तरता कभी व्यर्थ नहीं होगी, यही सनातनता है।

❑

–मनुष्य से आदमी की खोज तब सहज हो जाती है।

–समझाने के लिए शेष क्या है ? आदमी के पास बुद्धि-चेतना का जो अटूट आडम्बर है, वह अपरिभाषेय है। वह जोड़ता है तो तोड़ता भी है। तोड़ता है तो फिर जोड़ भी सकता है।

–यह सब सम्भव है तभी जब आत्मविश्वास हो।

–आत्मविश्वास ही सही आदमी है।

–आदमी वह है जिसमें निश्चय विभीषिकाओं और अन्धी दौड़ के बावजूद आस्थवान् है। वह आशावादी दृष्टि लेकर जीता है।

–मन आदमी का उत्साह है।

–पराक्रम आदमी की ऊर्जा है।

–उत्साह के बिना आदमी पलक भी नहीं झपक सकता।

–संघर्ष में भी सुख खोजना आदमी का सहज धर्म है।

–धर्म, धैर्य, तमस के ऊपर प्रकाश का वातायन खिला देना और अपनी चिर मधुर मुस्कान से सबको सम्मोहित कर देना आदमी की पहचान है।

❑

–ठहरिये, देखिये, परखिये अपने बाहर और अपने भीतर भी– यह सब आपमें है। मिथ्या भ्रम से दूर आलोचनाओं और प्रत्यालोचनाओं के ऊपर आप-अपने को क्या उस पर्वत पर खड़ा देखते हैं, जिसकी चोटी आज तक कोई नहीं खोज पाया।

–अनश्वर वे होते हैं, जो भौतिक, नश्वर पदार्थों और चिन्तन से अपने को कहीं बहुत ऊपर खड़ा पाते हैं।

–खड़ा है जो वही तो है–यह आदमी !

आत्मशक्ति का बोध

—सीधा खड़ा वृक्ष
—हरा-भरा वृक्ष
—समय ने दस्तक दी, पत्तियाँ पीली होने लगीं।
—अच्छा-खासा वृक्ष हरित परिधान त्यागकर सूर्यपुत्र बना। बना, रह नहीं सका। नग्न हुआ। हुआ नग्न, रहने नहीं दिया।
—देखते-देखते नन्ही-नन्ही कोंपलें निकलने लगीं। बलात् धरती को फाड़कर निकलती चींटियों के झुंड की तरह ठूँठ और नग्न वृक्ष हलचल से भर गया। हर शाखा, प्रशाखा, कोना, फुनगी, डाल और महाबोधि-सा स्थित वह अटूट सपना प्रेम के रंग में सराबोर हो भविष्य की आहट देने लगा।
—देखते-देखते लगा, जैसे वृक्ष ही बदल गया है।
—वृक्ष का स्वरूप नये उभार में है !

❑

—नहीं, ऐसा नहीं है। सब-कुछ वही है। वैसा ही है। जैसा था वैसा है। मात्र वस्त्र ही बदल रहे हैं; वस्त्र भी वे अन्ततः समय की उसी गति, उसी सीमा तक पहुँचेंगे जहाँ तक पहुँचना उनकी नियति है।
—मौसम की एक नियति।
—मनुष्य भी एक मौसम है।
—मनुष्य-रूपी मौसम भी समय की गति से प्रतिबन्धित है :

❍समय सद्भावी है
❍समय सत्कामी है
❍समय समय-साध्य है
❍समय अटूट सत्य है
❍समय के पदचाप ध्वनिहीन हैं

समय—

कर बिनु कर्म करै विधु नाना
बिन पग चलै सुनै बिनु काना
आनन रहित सकल रसभोगी
बिनु वाणी वक्ता बड़ जोगी।

–यहीं समय की सीमा समाप्त नहीं होती। वह सहृदय है तो निर्मम भी। पीसता है किसी को तो मुट्ठियों में लोहा गलाकर रक्त-सा सजल बना देता है वह।

–समय साध्य है

–समय असाध्य है

❑

–समय के गम और निर्गम प्रवाह से कोई नहीं बचा।

–कोई नहीं बचा तो मनुष्य कैसे बचेगा।

–कैसे बचेगा मनुष्य जो दावानल की आग का शेष मात्र एक कण है।

–समूची अग्नि-परीक्षा के बाद भी जो रह जाये, श्रेष्ठता का कौन-सा मानदंड परीक्षक होगा।

–मनुष्य इसलिए विश्वसंघ की धुरी के रूप में माना गया है।

–मनुष्य है तो मनुष्यता होगी।

–मनुष्यता होगी, हाँ होगी। होती है क्या ?

–मनुष्य हो और मनुष्यता होगी, यह प्रश्नचिह्न लगे तो कहेंगे क्या ?

–सब-कुछ कहने के लिए नहीं है।

–अनकहा बहुत-कुछ कह जाता है।

–मौन मुखर हो तो पहले वह अपने को ही तोड़ता है। अपने को तोड़नेवाला जोड़ नहीं सकता।

–मौन शब्दातीत है।

–मौन स्वयं एक भाषिक वास्तुशिल्प है; कहना नहीं कुछ, हो जाता है सब-कुछ।

–श्रेष्ठ मनुष्य वही है जो सबसे परे है :

❍ऊँच-नीच, आशा, अभिलाषा, सोच-असोच, निष्ठा-अनिष्ठा, अर्थ हैं सभी-क्रिया, कर्म, विशेषण और धर्म।

–अँधेरे में पड़ी आत्मा से साक्षात्कार कौन कर सकता है; मात्र विवेक का एक दीप ही तो ?

–कर सकता है जो, कहता नहीं।

–सोचता है जो, व्यक्त करता नहीं।

–पवित्र है प्रणय-सा, प्रमाण देता नहीं।

–अदृश्य-दृश्य है वह पवन-सा, तरल।
–पानी-सा और आग्रही है वह सम-चेतना की तरह।
–अरे, यही तो श्रेष्ठता है।

❑

–फूलों का इच्छुक कभी सूखे वृक्ष को नहीं सींचता।
–पका हुआ नीम आम नहीं बन सकता, इसलिए वह बनने की प्रक्रिया को जानना भी नहीं चाहता।
–महासागर अपनी शक्ति जानते हैं, जानते हुए भी यह जानते हैं कि वे स्वयं अपनी प्यास बुझा नहीं सकते। प्यास नहीं बुझा सकते तो सिर पीटते, अजगर की तरह अपनी ही देह तोड़ते, काँपते और चीखते वे स्वातिबूँद के याचक हैं।

❑

–मनुष्य जानता है कि वह श्रेष्ठ है। श्रेष्ठ है, इसलिए कि वह सभी सामर्थ्य और क्षमता से सम्पन्न है। अपने गुणों को मनुष्य ही तोड़ता है। तोड़ता है तो श्रृगाल की तरह चीखता भी है।
–वास्तविक मनुष्य वही है, जो कहता है वही, जो करता है। सोचता है वह जो कर सकता है।
–मनुष्य के लिए सबसे बड़ा पाप है अपने को और अपनी आत्मा को धोखा देना।
–धोखा देता है जो वह पहचान से अन्धा हो जाता है और भूल जाता है कि अँधेरे में पड़ी आत्मा को पहचानने का माध्यम विवेक है।

❑

–विवेक की मानुषिक आस्था अत्यन्त गहन होती है :

- योगिराज श्यामाचरण लाहिड़ी देह रहते विदेह बन गये
- बामाखेमा कुत्तों, श्रृगालों और गिद्धों के साथ भोजन करते थे।
- तैलंग स्वामी ने नंगोरा क्यों त्यागा!
- रामकृष्ण परमहंस ध्यानलीन होकर वस्त्र जैसे क्षुद्र आवरण को नहीं पहचानते थे
- विवेकानन्द में वह अटूट आस्था कैसे उत्पन्न हुई कि वे देश, काल, भाषा और समझ की दीवारों में कैद होकर भी खड़े हो सकते हैं और जयनाद का शंख फूँक सकते हैं
- समय को ललकारा अश्वत्थामा ने, समय को पहचाना विभीषण ने और समय की रण-चंडिका महादेवी ने ध्वंस और पराजित कर दिये स्वयंभू देवों के सभी ज्ञान-मण्डल और शक्ति के महाकेन्द्र।

❑

—मनुष्य की शक्ति मनुष्य में है।

—किस्सा एक आखेटी का है—समूचे वन-प्रान्तर में घूम-घूमकर वह पानी को रक्त बना रहा था। बनाता गया। रोकता कौन उसे। अचानक एक स्वामी मिले।

—'रुको' स्वामी के स्वर थे।

—'कौन है तू रोकनेवाला ?' उत्तर।

—'सामान्य मनुष्य, तेरी तरह।'

—'तू भी तो मुक्ति चाहता है ?'

—अत्यन्त विनम्र भाव से स्वामी ने कहा, 'नहीं पुत्र, मुक्ति इतनी सहज नहीं है। तू भी चाहे तो नहीं मिल सकती।'

—आखेटी ने गर्व से कहा, 'मैं उपदेश का आदी नहीं हूँ। बोलो, अन्त चाहते हो? मेरा एक बाण पर्याप्त है। इसका प्रतिरोधक तुम्हारे पास न हो तो मैं दे सकता हूँ।'

—स्वामी ने उसी तरह शान्त हो उत्तर दिया, 'क्रोध सबसे बड़ा शत्रु है। मनुष्य का मूल्य उतना है जितने उसके कार्य हैं। दूसरों की कीमत पर अपनी भलाई चाहनेवाले अन्ततः वह भी खो देते हैं जो उनके पास है। असत्य की मिट्टी पर सत्य की दीवार नहीं उठ सकती। विनम्रता गर्व का आग्नेयास्त्र है। अहंकार का उत्तर काल-रवि के प्रकाशवान् खुले द्वारों में मिलता है। परहन्ता वही हैं जो रक्त को नहीं पहचानते। तो सुनो, मेरी एक बात मानोगे?'

—'बहुत बड़बोले हो तुम, बोलो क्या कहना है? यह तुम्हारा अन्तिम सत्य होगा।' आखेटी ने कहा।

—मुस्कराकर स्वामी ने आखेटी को अपने पास बुलाया। बोले, 'रक्त ही चाहिए तुझे न !' उन्होंने जंगल में पड़े एक नुकीले काँटे से अपनी अंगुली में एक बड़ा छेद किया। छेद करते ही रक्त की धारा फूटने लगी। बोले, 'पियो, पियो इसे।' स्वामी ने जबरन उसे रक्त पिलाया। पीकर वह और खूँख्वार हो गया, बोला, 'क्या कहना चाहते हो तुम?'

'कुछ नहीं।' स्वामी ने कहा और उसकी अंगुली आगे खींची। बोले, 'इसमें छोटा-सा छेद कर दो ताकि खून बाहर आ जाये।'

—क्रोधित आखेटी ने लोहे की धार से बड़ा छेद कर दिया तो स्वामी ने पूछा, 'पहले जो रक्त पिया था उसमें और इस रक्त के स्वाद में कितना अन्तर है ? धैर्य रखो, होगा वही जो तुम चाहोगे।'

—आखेटी ने खून पिया—एक बार, दो बार, तीन बार। जीभ अपने मुँह पर चलायी।

अचानक उसने अपने विध्वंसक बाण नींचे फेंक दिये, और बोला, 'स्वामी, दोनों का स्वाद एक है।'

–स्वामी ने अट्टहास किया। बिना कुछ कहे वे तेज़ी से वहाँ से चले गये।

–आखेटक चीखता रहा, 'स्वामी-स्वामी, हे स्वामी।'

–स्वामी कहीं नहीं थे। आखेटक चीखता रहा। उसकी चीख के स्वर कालरात्रि के विधायक पीते रहे। सुबह पहरुआ आया तो देखा एक शिकारी बिना शिकार के स्वयं घायल और बेहोश पड़ा है।

❑

–मनुष्य की शक्ति स्वयं मनुष्य में है।

–मनुष्यता जब तक रहेगी, मनुष्य मनुष्य बना रहेगा। मनुष्य हमेशा विजयी होगा।

–मनुष्य अपराजेय है। मनुष्य के विपथगामी शिकारी की तरह निरन्तर चीखते रहेंगे।

–चीखते रहेंगे वे और पा भी नहीं सकेंगे अवसर यह मानने का कि चीख का आकार क्या होता है।

सबसे बड़ा ज्ञान

—वृक्ष सभी ने देखे होंगे। मैं हज़ारों साल पुराने वृक्ष की बात करता हूँ। इतना पुराना वृक्ष किसी ने देख है?

—देखा होगा, किसी ने देखा होगा। नेत्र हैं तो देखेंगे ही। नेत्र केवल मेरे पास हैं, सही बात नहीं है।

—यह भी लेकिन सही है कि नेत्र होते हुए कई नेत्रहीन होते हैं। कई नेत्रहीनों में भी दृष्टि होती है।

—नेत्र की दृष्टि बाहरी नहीं है।

—नेत्र में भीतरी दृष्टि होती है। इस दृष्टि का पोषण जो कर लेता है वह 'श्रेष्ठता' पाता है।

—अभ्यन्तर की दृष्टि अत्यन्त पारखी होती है : वह छोटी-मोटी परतों को तो क्या लौह-दीवारों को भी भेद देती है।

—भीतरी दृष्टि समय और कालखंड के भीतर रुक जाती है। ऐसी दृष्टि के सामने अँधेरा नहीं होता।

—अँधेरे का आवरण उसका सहचर बन जाता है।

—यह दृष्टि सार्थक दृष्टि है—मात्र उस उल्लू की तरह नहीं है जो नैसर्गिक रूप में अँधेरे के भीतर प्रकाश को भेदती है और बिना प्रयास सभी कुछ पकड़ने में समर्थ है।

—यह दिव्य नहीं, दिव्यातीत दृष्टि है।

❑

—ज्ञान की प्राप्ति इसी सीमा पर पहुँचकर होती है।

—बुद्ध को बोधिवृक्ष के नीचे ज्ञान मिला था।

—सर्वज्ञ है कि बोधिवृक्ष अत्यन्त वृद्ध था। उसने समय की हर परिधि, हर सीमा और हर चित्रांकन को देखा है। वह मौसमों के काल-कराह का व्याघात सहता रहा है। उसने स्वर्णिम धूप देखी है और सुनहरे स्वप्न देखे हैं।

–सुनहरे स्वप्नों को भंग होते भी बोधिवृक्ष ने देखा है।
–हर सपना सार्थक हो जाता तो बुद्ध 'एकाकी ज्ञानी' नहीं होते।
–ऐसे अनुभवी वृक्ष को पा लेना ही ज्ञान की समिधा में समा जाना है।
–बूढ़े वृक्ष के पास बैठना परम्पराओं से सत्य का साक्षात्कार करना है।
–अगली परम्परा तोड़नी है तो पहले आत्मसात करना होगा।
–व्यतीत का अज्ञान अपच को जन्म देता है। अपच सारी विकृतियों का दोहन करता है।
–वर्तमान की सीढ़ी स्वस्थ और सधे शरीर पर खड़ी हो सकती है।
–वही वर्तमान आगत का द्वार बनता है।
–वह ऐसे आगत का द्वार बनता है, जो तपती अग्नि में जले हुए लोहे की तरह तपकर अपना अनावश्यक तत्त्व छोड़ देता है। शेष रहता है उसका सत्य।
–आगत सत्य का ही तो पर्यायवाची है। उस सत्य का अभिनन्दन करेंगे तो वह निखरकर अभ्यन्तर हो जायेगा और उसकी परमशक्ति हमारी परम चेतना बन जायेगी।

❑

–वृक्ष बूढ़ा था : उसके हर पत्ते पर व्यतीत का इतिहास लिखा था।
–वृक्ष बूढ़ा था : वह वर्तमान की समय-सीमा को आत्मसात् कर चुका था।
–वृक्ष बूढ़ा था : वह भविष्य की नयी कोंपलों का सार्थक ओर जीवित सत्य था। कोंपले नयी भले हों, हर कोंपल में एक लम्बे परिवेश की कथा थी।
–यह कथा न पुराणों में मिलेगी और न संहिताओं में। वह वृक्ष पुराण और संहिताओं की ऋचाएँ सदियों से आत्मसात करता रहा है।

❑

–यक्ष प्रश्न।
–हाँ, यक्ष प्रश्न इसी तरह यहीं अवतरित हुए थे।
–एक बार एक हिरण वेदकर्म में प्रयुक्त 'अरणि' और मन्थन-दंड 'मन्थ' अपने सींगों पर उठाकर वन में भाग गया था। ब्राह्मण ने देख तो अत्यन्त परेशान। वह युधिष्ठिर के पास भागा। वर्णाश्रम-व्यवस्था के अनुसार क्षत्रिय युधिष्ठिर खोज में निकल पड़े। मार्ग में परेशान और प्यास से पीड़ित हुए तो वे तालाब के किनारे पहुँचे। वहाँ पहुँचकर उन्होंने जल पीना चाहता।
–जल का स्पर्श करते ही अज्ञात आवाज़ प्रकट हुई। आवाज़ के साथ यक्ष प्रकट हुए।
–यक्ष ने युधिष्ठिर की अनधिकार चेष्टा की भर्त्सना की ओर अन्ततः तैयार हो

गये कि यक्ष के प्रश्नों का उत्तर वे देंगे तो तालाब का जल ग्रहण कर सकेंगे। युधिष्ठिर को ब्राह्मण को सन्तुष्ट करना था–यह परम्परा थी, यह सद्-व्यवस्था थी, यह सदाचार था।

❑

–यक्ष ने अनेक प्रश्न किये। कुछ सार्थक प्रश्न है :

यक्ष : इस धरती से अधिक सहनशील कौन है?

युधिष्ठिर : इस धरती से अधिक सहनशील माँ है।

यक्ष : वायु से भी गतिमान् क्या है?

युधिष्ठिर : मन वायु से भी अधिक गतिमान् है।

यक्ष : वह कौन है जो सोते हुए आँखे खोले रहता है ?

युधिष्ठिर : मछली सोते हुए अपनी आँखे बन्द नहीं करती।

यक्ष : हृदयहीन कौन है?

युधिष्ठिर : पत्थर का हृदय नहीं होता।

यक्ष : इस लोक में सर्वोच्च धर्म क्या है?

युधिष्ठिर : दया का भाव सर्वोच्च धर्म है।

यक्ष : परम स्नान क्या है?

युधिष्ठिर : मन की अशुद्धियों का त्याग ही परम स्नान है।

❑

–यक्ष हतप्रभ ! युधिष्ठर ने सभी प्रश्नों के उत्तर दे दिये। अन्त में यक्ष ने कहा–मात्र चार प्रश्न और :

❍प्रसन्न कौन है?

❍मार्ग क्या है?

❍आश्चर्य क्या है?

❍वार्ता क्या है?

–युधिष्ठिर ने दोनों हाथ जोड़कर प्रणाम किया और कहा, प्रभो–

❍जो प्रवास में नहीं जाता वही प्रसन्न है।

❍धर्म ही एकमात्र मार्ग है जिसपर सत्याचारी चलते हैं।

❍मृत्यु रोज़ देखते हैं, फिर भी जो समझते हैं कि सब अजर-अमर हैं, ऐसे सोच से बड़ा आश्चर्य क्या होगा।

❍काल निरन्तर प्राणियों को पका रहा है, यही तो वार्ता है, प्रभु।

–विजयी युधिष्ठिर ने तालाब से पेट-भर पानी पिया और अपने अगले वचन-पालन की ओर बढ़ गया।

❑

–सम्यक् रूप से तात्कालिकता में बोधिवृक्ष और यक्ष-प्रश्न–दोनों हमारे सामने हैं।

–हमारे सामने दृष्टि भी है, सत्य भी है और ज्ञान भी है।

–इनके साथ ही हममें से अनेक दृष्टिहीन हैं, सत्य से कोसों भागते हैं और ज्ञान से कोसों दूर हैं।

❑

–परम्पराओं की मथानी से निकला रस यदि कपूर की तरह उड़ने लगे तो यह मत मानिये कि किसी जादूगर का अदृश्य हाथ है।

–शायद ही कोई व्यक्ति होता है जो अपने ग़लत कार्यों को पहचानता है और सन्मार्ग पर चलने के लिए अपने को आबद्ध करता है।

–मनुष्य की यह चेतना निरन्तरता में बदल जाती है तो ज्ञान वहीं अन्धा न हो जाता।

❑

–ज्ञान अनन्त है, ज्ञान अक्षुण्ण है और ज्ञान निरन्तरता का समवर्ती है, यही मनुष्य का सबसे बड़ा अज्ञान है।

प्यार कर लें

–क्या है आज? कैसा है उत्सव? कोई आपेमें नहीं है! नशा है सबका लेकिन अपना–अपना...सपना तो नहीं है यह सब–कुछ?

❑

–आदमी की जिंदगी स्वयं अपने–आपमें एक सपना है। कब वह उभरता है अचेतन मन में और कब टूट जाता है चेतना के संसार में, पता भी नहीं चलता।

–चींटियों की तरह चुपचाप, गिलहरी की तरह अचानक उछलता हुआ और सांप–सा सरकता जिंदगी का उच्छ्वास चुपचाप गोमुख से गंगा की तरह पहले धीमे–धीमे बाहर आता है और फिर विशाल हरियल गलव को रौंदता हुआ चारों ओर फैलकर अपना आधिपत्य जमा लेता है!

–यही उच्छ्वास तो बनाता है रिश्तों की सुरंगें। यही सुरंगें जीने का माध्यम बनती हैं और बामी की तरह अतल गहराइयों में एक–दूसरे को जोड़ती हैं!

–बामियों में हवाएं कैद हैं, हवाओं में सुरभियां गुलाब की पंखुड़ियां–सी बिखरी हैं! यहीं मिलावट शुरू होती है : लिली, गेंदा, बेला और चमेली की!

–सबकी अपनी पहचान है, क्योंकि वे बामियों में कैद हैं!

–बामियां हमारे रिश्तों में कैद हैं, इसलिए इन बामियों में अंधेरा नहीं है : यहां है ज्ञान का आलोक, सुरभि के स्वर, अंगड़ाई लेती इच्छाएं और प्रेमिल स्पर्श!

–प्रेम, सूत्र है हमारे अस्तित्व का, सचमुच अस्तित्ववाद की कल्पना का आधार प्रेम के सार्थक सत्र रहे होंगे!

–जब प्रेम टूटता है तो चलता हुआ शरीर ऊंची दीवारों के कंगूरे पर चढ़ जाता है और धरती को महासागर मानकर छलांग भर देता है!

–रोकना है हमें इस भ्रम को, कलंकित न हो प्रेम का यह राम–नामी दुपट्टा!

❑

–रास्ते आसान नहीं हैं : हो भी नहीं सकते जबकि रास्ते का आरंभ ही दर्द से हुआ है! दर्द से आरंभ होना था इसलिए उसे मीठे दर्द की संज्ञा दी गयी। हम

कठिन दीवारों, कांटों, पर्वतों, खाइयों और डगमगाते मन के खंडहरों को भी फिर गुदगुदाने वाले दर्द का रास्ता क्यों न समझ लें! यही समझकर हमने कैलाश को ललकारा है और ध्रुवों में झंडे गाड़े हैं! महासागर के गर्भ से मोती बीने हैं हमने और शंख की खोजकर पूजा को महानाद के स्वर दिये हैं!

–खोज सहज वासना है, दीवारों से टकराना अपने पौरुष को तोलना है और प्यार वट-वृक्ष में निकली सबसे पहली कोपल है!

–यह प्यार का ही तो पर्व है! गले मिलें, कुछ अपनी कहें, कुछ दूसरों की सुनें; एक-दूसरे को बांटें, एक-दूसरे के साथ भोगें–साथ चलें हम बिना किसी भेदभाव के!

–सोचा हमने कि सार्थक हुआ : ढोल और मंजीरे बजने लगे, दीवानों की टोली आ पहुंची, कन्हैया द्वार पर आ खड़ा हुआ, सैकड़ों चुनरियां छीनकर ले आया, भाग नहीं सकता लेकिन वह, भाग कर आ रही हैं जिनकी चुनरियां हैं!

–अब क्या होगा?

कहकहों की मस्ती,
झुकी कोपलों का एक-दूसरे में समाहरण,
सूरजमुखी का हिलना,
उसके बीजों का जमीन पर गिरना
और
आज कोई जटायु नहीं दिखेगा यहां! घायल सब होंगे, पर अपनी तरह!
गुब्बारे से दिल उछालेंगे सब लेकिन सब अपनी तरह!

–यह 'अपनी तरह' क्या बला है?

–मत पूछो उनसे, जो कमरों में कैद हैं!

–मत पूछो उनसे, जिन्होंने प्यार को बूढ़ा बना दिया है!

–उनसे भी मत पूछो, जिनका प्यार बहरा हो गया है!

–उनके पास तो जाओ ही नहीं, जो घायल-जटायु हैं!

–अंगड़ाई लेती बहारों को झूठ कहते हैं उन अधमरों पर तरस खाओ और अपना रास्ता बदल दो!

❑

–मूर्ख हैं वे जो बने-बनाये रास्ते पर चलते हैं!

–दिशा-ज्ञान से शून्य रीते घड़ों में कभी पानी नहीं भर सकता!

–पानी की भी अपनी जाति होती है : 'पानी राखिए' इसलिए तो कहा है!

–बेपरवाह वह बहता है, परंतु पहले अपने लिए रास्ता बनाता है! वह उसका

अपना बनाया रास्ता है, दूसरों का वह मोहताज नहीं!
–पानी हमसे बड़ा ज्ञानी है, उससे सीख लेनी चाहिए!
–सीख यह सहज कि जरा-सी मुस्कराहट भी बहुत बड़ी उदारता है!
–हंसी : लक्ष्मीपुत्र का दिया हुआ उदार दान है!
–अट्टहास : कृष्ण ने जब मुंह खोला था तो सारी दुनिया का गोलार्ध उनके भीतर घूम रहा था!
–हंसने से बड़ा न कोई जीवन-रस है और न अमृत!

❑

–यही कुछ तो दृष्टव्य है आज :
❍नशा
❍अपनत्व
❍आपे से बाहर की बहारें!
–आइये, इन बहारों में हम भी शामिल हो जाएं।
–बैलगाड़ी के पहिये की तरह दिन, सप्ताह, पखवारे और महीने, फिर साल और शताब्दी सब आते रहेंगे, हमारा बीता हुआ जन्मदिन फिर नहीं आएगा! ऐसे ही ये बीती हुई बहारें फिर नहीं आएंगी!
–इन बहारों को हम मुट्ठी में कैद कर लें!
–आओ, दोस्तों, कम-से-कम आज तो हम प्यार कर लें।

आईना

संघर्ष

–व्यतीत का एक प्रसंग : स्थान–मोझरी, महाराष्ट्र। संत तुकड़ोजी महाराज और महामना राष्ट्रपति डॉ. राजेन्द्र प्रसाद। प्रवचन–भाषण था संत तुकड़ोजी का। उद्घोषणा, 'अब राष्ट्रपति, राष्ट्र–संत को पुष्पहार पहनाएंगे।' राजेन्द्र बाबू ने संत का पुष्पहार से स्वागत किया। उसके बाद राजेन्द्र बाबू के उद्गार, 'लोग परिवार छोड़ सकते हैं, संपत्ति छोड़ सकते हैं, वे संसार भी छोड़ सकते हैं–यश की कामना बड़े-बड़े संत भी नहीं छोड़ पाते।'

❑

–वर्षों का व्यतीत प्रवाह की गति में बहता हुआ, चिंतन का आग्रह करता है!

–कितने सहज ढंग से एक शाश्वत सत्य को उद्घाटित किया गया था, कौन नहीं चाहता, उसे यश न मिले, वह श्रेय का भागीदार न बने।

–यश पाना सहज नहीं है, लेकिन पाये हुए को संभालकर रखना अत्यंत कठिन है। श्वेत वस्त्र में लगा हुआ हलका–सा दाग समूची पवित्रता पर प्रश्न चिह्न लगा देता है!

–मिला हुआ यश हलकी–सी फिसलन के साथ अपयश में बदल सकता है! उसे दोबारा वापस पाना हवाओं में सुगंध की खोज है!

❑

–सत्य कहां है?

–निर्मल कौन है?

–पवित्रता मात्र गंगाजल नहीं है!

–चरित्र न तो मौसमी हवाओं का सैलाब है और न किसी भविष्यवक्ता का अमिट दंभ।

–अपने कमरे में कागजी–गुलाब लगा लेने से गुलाब की सुगंध नहीं मिल जाती; उससे बेहतर है गुलाबदान में झाड़ू लगा लेना, ताकि हर पल यह एहसास बना रहे कि जिंदगी नकाबपोशों की लूट नहीं है!

–दूसरों को धोखा देना आसान है, पर यह सोचना कैसा लगता है हमने

अपने-आपको ही धोखा दिया है?

–धोखे की संवेदनाएं हत्यारे की बाद की मानसिकता से कम नहीं होती। काल-कोठरी में कैद वह हर पल अपने-आपको वैसा ही पाता है–जैसे चूने में किसी ने गरम पानी डाल दिया हो! बेहताशा खौलता हुआ चूना आपे से बाहर हो जाता है। धोखा देते ही हम अपने यश की चादर का एक टुकड़ा अपने-आप फाड़ देते हैं।

–इसलिए पहरुए हर रात आवाज देता है, 'जागते रहो।'

❑

–जिंदगी फेना से उठता हुआ एक बबूला है; वह ज्वालामुखी भी नहीं है और न भूकंप।

–इतने सूक्ष्म क्षण में भी वह उर्वर लावा छोड़ सकती है और आपकी ज्योति को शाश्वत श्रृंगार का स्वरूप दे सकती है!

–आदमी केवल सांसों तक नहीं जीता, वह अशरीरी रहकर भी जीवित रह सकता है!

–जीवित हैं इस तरह जो, उनके सामने बागी भी झुकते हैं और अपने कुकृत्यों की क्षमा-याचना करते हैं!

–देवत्व इसी तरह तो मिलता है : सामान्य से असामान्य बनने की प्रक्रिया यही है!

–उनके यशोगान धरती में गूंजते हैं, जीवितों की रक्त-शिराओं में नये प्रवाह का संचार करते हैं।

❑

–यहां तक पहुंचने की प्रक्रिया अत्यंत सतर्क और सचेतक पैरों की भूमिका है!

–यह भूमिका यश से एक कदम आगे बढ़ने में पूरी होती है : वह है कीर्ति!

–नहीं मिलती कीर्ति पैसे की तरह सहज।

–कीर्ति बहता हुआ पानी है।

–यश और कीर्ति में भेद है। भेद की संधि-रेखा अत्यंत सूक्ष्म है।

–यश पाया जाता है, यश गाया जाता है, यशोगान की परंपरा का उद्‌गम यही है।

–कीर्ति फैलती है : चंदन की सुगंध की तरह, वह पवन-रथ पर आरूढ़ हवाओं की ऊंचाइयों तक फैलती जाती है!

–शोधकर्त्ता यश में शायद एक हल्की-सी सामंती-बू खोज सकते हैं, कीर्ति में कोई शोध काम नहीं आएगा।

–यश कुछ प्राप्त होने का श्रेय है!

–कीर्ति में मात्र प्राप्य का श्रेय नहीं है, वह एक जीवन की अतार्किक सच्चाई है!

–मनुष्य की कामना है मानव-धर्म की जीवन-पर्यंत रक्षा।

–इस कामना के बावजूद पैर फिसलते हैं और मानव-धर्म में जमी हुई काई की परतें लग जाती हैं!

–काई की परतों को ही कलंक की संज्ञा दी गयी है।

–कोई नहीं चाहता, उसके हिस्से में कलंक मिले। इससे बेहतर तो है कि बंटवारा ही न हो और सब समान धर्म और श्रेय तथा अश्रेय के भागीदार बनें।

–होता नहीं है ऐसा!

–यश और कीर्ति की कामना समूची शरीर-व्यवस्था को हिलाकर रख देती है!

–संभवतः इसलिए पारखी कृष्ण ने उपदेश दिया था : कामना मत करो, कर्म करते जाओ!

–किये हुए कार्यों का फल, करने की प्रक्रिया पर निर्भर है!

❑

–गृह-त्याग, धर्म गुरु का अभिषेक और आश्रम-स्थापना जीवन की चुनौतियों से पलायन है!

–हारे हुए घोड़े की तरह, ये सब दौड़ से निकाले गये लोग हैं जो फिर यश-कामना के लिए बामियों के महल निर्मित करते हैं।

–जीवन की चुनौतियों से जूझना और दुर्गम पथों को लांघकर अपने पदचिह्नों की पहचान बनाने में ही सार्थकता है!

–वासना के त्याग की परख वासनामय स्थितियों में रहकर ही हो सकती है!

–जो अलभ्य है, उसके प्रति उदार अभिव्यक्ति एक अट्टहास है!

–यही एक कसौटी है सोने को परखने की!

❑

–परखने का काम दूसरे के हाथों है, अपना गंतव्य और क्रियाकलाप अपने हाथों!

–अपने हाथ मजबूत क्यों न करें हम; क्यों न जिंदगी से निरंतर जूझते हुए ऐसा जुआ खेलें कि न किसी को लूटें और न किसी से लूटें।

–इस सार्थक सफलता का पहला प्रतिफल होगा–यश; दूसरा होगा–कीर्ति! प्रयत्न करें हम और इनके भागीदार बनें।

–देवता हमसे अलग नहीं हैं, हमारे भीतर ही देवत्व है; कौन जानता है किस काल-खंड में वह जागृत हो जाए और हम पूजनीय बन जाएं!

–जीवन-धर्म इसी आकांक्षा के लिए तो संघर्षरत है!

मैं कबीर हूं

–चरित्र : खुला आकाश, क्षितिज की तरह विस्तीर्ण, अनंत, शून्य; अपरिभाषित बहुत–कुछ और शायद कुछ भी नहीं!

–नैतिकता : बंजर धरती या विस्तीर्ण रेगिस्तान। कहीं हरितभूमि दिखायी दे जाए तो उसे छोड़कर बाकी सब सार्थक है, नैतिक है।

–चौंकने की बात नहीं है! परिवर्तनशील समय की परिधि में जो कुछ आकर अभी टिका हुआ है, यही केंद्र–बिंदु है!

–दोपहर एक मित्र से बातें कर रहा था मैं। उसने कहा, "सामने बहुत बड़ा होटल है। उसका मालिक एक तस्कर है और मेरा गहरा दोस्त है, आप ठहरना चाहें तो काफी कम दर पर प्रबंध हो सकता है।"

–एक और परिदृश्य : होटल के कमरे से एक आदमी बाहर निकलता है। पाइप लाइन के सहारे तिमंजिले से वह नीचे उतरता है और राजमुकुट पहनकर एक महान प्रजातंत्र के नैतिक मूल्यों का पहरेदार बन जाता है!

–अफसर : बेचारा परेशान है। हर सत्ता–परिवर्तन के बाद उसके क्रियाकलापों पर जांच आयोग बैठा है। उसने आयोग–अध्यक्ष से पूछा, "हर बार आप ही जांच करते रहते हैं, मेरी गलती?"

–"कुछ नहीं, अपनी आवाज कैद करना सीखो! अन्याय के विरुद्ध बोलना अक्षम्य अपराध है!"

–कत्ल की सजा भुगत रहा व्यक्ति : मृत्यु के अंतिम क्षण। जिज्ञासावश मैं पूछता हूं, "तुम्हें छोड़ दिया जाए तो?"

–"कल फिर कत्ल करूंगा। चोरी चोरी है, वह एक पैसे की हो या लाखों की। हाथ मारना है तो हाथ को फैला और खुला रखना चाहिए।"

–मैं परेशान हूं! दुःखी हूं शायद इसलिए कि मुझे कोई दुःख नहीं है!

–परंपराओं ने कुछ और सिखाया था, देख कुछ रहा हूं!...लेकिन परंपराएं जड़ तो नहीं हैं–यह मूल–स्वर मुझे समझना चाहिए। उनका परिवर्तन परिवर्तनशील होना ही प्रगति है!

–बदली हुई परंपराओं ने आंधी के बीच को सीधे लाकर खड़ा कर दिया है। कोई समझे तो फिर : ऐसे बच्चे को भला नींद कहां आएगी, थपकियां देकर जिसे भेड़िया सुला रहा हो!

–रोशनी की आकांक्षा सभी को है, उसके पहले लेकिन अंधेरे का हिसाब करना क्या जरूरी है!

–कौन करेगा हिसाब! कौन लाकर देगा शांतिमयी नींद के क्षण!–तस्कर की कमाई का स्वामी उस होटल का अधिपति?...पाइप के सहारे चोरों की तरह भागकर राजमुकुट पहनने वाला जनपथ का दावेदार?...अन्याय-विरोधी अफसर को बार-बार सजा देने वाला महामान्य अधिवेत्ता!...या सूरज की पहली किरण के साथ फांसी पर लटकने वाले व्यक्ति का उद्घोष : वह वही करेगा जो करता रहा है!

–सब व्यर्थ है!

–हिसाब करने की हिम्मत कम लोगों में होती है!

–हिसाब तो करता है समय...! वह समय जो एक स्वच्छ झरना है, जिसकी निर्मल तरंगों में ग्रीष्म का चांद खेल रहा है!

–घास पर छोड़ी हुई बौछार है–समय!

–समय सारे मूल्यों को बदलता है और गेंहू की बालियों को रौंदने वाले पैरों की तरह क्रियाशील होकर शुद्ध भोजन का प्रबंध करता है!

–कोई भी जीवित व्यक्ति समय के काले धब्बों से नहीं बचा। मृत्यु के बाद वही समय की शिला पर चमकता हुआ तस्वीर के फ्रेम में मढ़ा मूल्यवान पुष्पहारों का भागीदार बनता है।

–प्रसिद्धि के उच्चतम शिखर पर विश्वविख्यात ताजमहल मृत्यु के बाद का ही तो इतिहास है! जीवित सौंदर्यमय स्त्री को सम्राट-शासक के कितने अत्याचार नहीं सहने पड़े होंगे; कितनी सौतें और बेगमों के शहद भरे छत्ते के साथ नहीं खेलना पड़ा।

–जिंदगी इसलिए तो दर्द है, मृत्यु सुबह घास पर पड़ी हुई ओस-बिंदु-सी शांत और सौंदर्यमय है!

–दूसरों को रोता हुआ छोड़कर अनंत की ओर प्रस्थान करने में कितना आनंद मिलता है, काश! वह यात्री अभिव्यक्त कर सकता!

–नहीं करेगा वह, दर्द की छलनी से मुक्ति पाकर वह पुष्पों की कब्र का मजा उन सब आंखों को भला क्यों देगा जो तब कुछ और थीं, आज कुछ और हैं!

–बदला!

—बदला न भी हो तो चोट तो वह दे ही जाता है। हर जीने वाले को यह चोट मिलनी चाहिए।

—वह चोट खाता रहे, मरहम लगाता रहे लेकिन नासूर पनपता रहे; इसी के बीच आदर्शों के उत्तर मिलेंगे और परिभाषाएं सार्थक होंगी!

—मेरे दोस्त! हम-सब परेशान क्यों हों? अपने प्रथम पूर्वज महामना मनु की यातना का इतिहास पढ़ने के बाद, उन सारे महापुरुषों की समाधियों में घूम आएं जहां आज का ध्रुवतारा आकर टिका है! हमारे मस्तिष्क की शिराएं शांत होंगी।

—शांत होती हैं, इसलिए हम समाधियों में फूल चढ़ाने जाते हैं!

—पुष्पहार भेंट करते समय हमारा मन एक रीता हुआ घट होता है!...भावनाशून्य, सबक सीखने के एहसास से दूर; मात्र प्रदर्शन की श्रद्धा अथवा अपना सिरदर्द उतारने के लिए किसी सिद्ध तांत्रिक की कब्र का स्पर्श!

—हटते ही वहां से एक महाआभास पूरित होता है। हम : एक अक्षय-वट हमारे वक्ष पर उग आया है। वह वट-वृक्ष बनेगा और...!

—चमड़े के कोड़े-सी हवा का एक झोंका आता है तभी, हम फिर भीड़ के एक कीड़े बन जाते हैं, अक्षय-वट वहीं छूट जाता है!

—दोस्त!

—सब-कुछ देखना और झेलना इतना आसान नहीं होता!

—होता तो मैं दर्द की रेखाएं अंकित न करता!

—एक ही संतोष है, यदि मैं; मेरा समय एक काई है तो काई भी किसी का भोजन है!

—मुझे पहचानते हैं आप?

—नहीं...पहचानना भी चाहेंगे। मुझे अपनी महानता का महाभारत स्वयं लिखना होगा।

—मैं एक फटेहाल भिखारी हूं और जीविका के लिए हाथ फैला रहा हूं। मेरे हाथ फैले हैं उस तस्कर के सामने जो भीषण गर्मी के बावजूद शीतल हवाओं से आच्छादित शानदार कमरों में पसरा हुआ सो रहा है!

—कभी तो उसकी नींद टूटेगी और वह मुझे भीख दे देगा, देना होगा उसे आखिर अज्ञात ईश्वर का भय उसी को तो है, मुझे किसका भय है! मैं कबीर की संतान हूं, वही मेरे स्वर हैं!

परीक्षण

कभी देखा है बया का घोंसला?

❑

—हां, दंभ भर सकते हैं हम-सब, हमने देखे हैं, घोंसले बया के!

—सचमुच दंभ है यह, देखा नहीं किसी ने! तो फिर देखो...तोड़ लाओ उसे पोखर के भीतर बबूल के झाड़ से वह लटक रहा है!...डर है न कांटों का? दलदल में फंस जाने का!

—बया को डर नहीं है कि कहीं, किसी चीज का, कभी तब भी वह कौवे और कबूतरों की तरह अपने बच्चों को लापरवाह नहीं छोड़ती।

—वह धूप के आइने में तिनके बटोरती है; धूप और पत्तों की जब बातचीत होती है, तब वह चुपके-से उनका सूखापन चुरा लाती है; उनकी तरह बहस नहीं करती वह, इसलिए पेड़ों या वृक्षों के शाप का भागीदार भी नहीं बनती।

—हवा से तेज दौड़ती है बया, आंधी को समूचा समेट लेती है; धरती है और न आकाश अधर में बिखरे हुए पारे को बटोरने का चातुर्य उनका नैसर्गिक गुण है!

—यहां से आती है, वहां चली जाती है और मौसमों को चुनौती देती बया अपना घोंसला बना लेती है!

❑

—आदमी के हाथ खिसक जाते हैं। रेशम के धागों को कीड़े के घर से खींचते हुए सावधानी के बावजूद कुछ टूटता तो है ही! टूटते ही कपड़े की कीमत गिर जाती है!

—बया के घोंसले का कोई तिनका नहीं टूटता। टूटे हुए, आयामों को जादू की तरह जोड़ती है वह!...कहीं खराबी नहीं, सड़ी-गली सीवन का निशान भी कहीं नहीं, धार-धार पानी ऐसे मार खाता है उससे, जैसे कमलपत्र हो वह!

—सचमुच एक खूबसूरत फूल है बया का घोंसला; सूखा है तब भी खिला हुआ!

—क्या है बया में, जो वह कर लेती है, आदमी के हाथ नहीं कर पाते। आदमी

की बुद्धि बेपेंदी के लोटे-सी ठोकरें खाती है–यहां, वहां!

❑

–जरा सोचो, मेरे दोस्त!

–बिना सोचे आदमी की संज्ञा के साथ जीना अधर्म है!

–पैरों में फटी बिवाइयां और सूरज की तीखी रोशनी से सूखे खेत...ये दरारें मजबूरी का एहसास हैं!

–सचमुच मजबूरी नहीं है, लेकिन गैर जिम्मेदारी है यह!

–हम-सब गैर जिम्मेदार हैं, खानापूरी करना जानते हैं, बस! आये हैं तो जीना पड़ेगा, जीने की तांत टूट जाएगी, तो मरना पड़ेगा!

–कुल मिलाकर जीते नहीं : न जाने कैसे जी लेते हैं!...जीने का बहाना भी करते हैं और जीते जी दिन में न जाने कितनी बार मरते हैं!

–मौत तो एक दिन आती है, पर जिम्मेदारी से दूर भागकर अभिशप्त मौत तो रोज ही करते हैं कई लोग! ठोकरें खाकर फिर उठ खड़े होते हैं और खड़े भी नहीं हो पाते कि पारे की तरह लुढ़क जाते हैं!

–तब भी एहसास नहीं होता, अपनी गलतियों का हमें!

–हम जिम्मेदार बन जाएं, तो बया से बेहतर घोंसला बना सकते हैं!

❑

–शाम थी उस दिन! पशुपतिनाथ के मंदिर की सीढ़ियों से उतर रहा था। अंतिम सीढ़ी से समतल जमीन पर पैर रखा मैंने, तो रोशनी का एक गोला वहां फैल गया! रोशनी में घिरा मैं दंग! कोई सिद्धि मिल गयी है मुझे?

–एक अट्टहास!

–दृष्टि ऊपर उठी, तो माहौल ही कुछ और था : हिमालय की धवल श्वेत चोटियां रक्ताभ हो उठी थीं। एक सिंदूरी चादर ने सारी सफेदी ढंक ली थी; उसी की रोशनी ने धरती पर अपना जाल फैला दिया था!

–वही रोशनी मुझे घेरे थी; ढलते हुए सूरज की अंतिम किरण थी वह!

–सूरज की ढलती एक किरण अस्तागत होते-होते निर्विकार समभाव से सबको रक्तदान कर सकती है!

–हम इतने गैर जिम्मेदार हैं कि उस रक्त का पान भी नहीं कर सकते!

–सौंदर्य को देखकर उसकी परिभाषाओं में लग जाते हैं और छोड़ जाते हैं, सूरज को कहने के लिए, हे मनुष्य! तुम्हारी जिंदगी बस एक चश्मा है!

–चश्मे की तरह वह आसानी से बह जाती है और कमजोर होने पर दृष्टिदान के लिए एक-दूसरे की मोहताज हो जाती है!

–एक मोहताज जिंदगी जीते हैं हम, जैसे मांग में सिंदूर भरकर एक नारी सुहागन होने का मिथ्या भ्रम ओढ़े फिरती है!

–सुहाग क्या है काश वह जान सकती!

–वह भी तो एक जिम्मेदारी है!

–कितनी सिंदूर की मांगें जिम्मेदारी को बोझ नहीं समझतीं! तब भी नादान बच्चे की तरह रोज आइने में अपना अक्स देखती हैं और भारी हाथों से सिंदूर भरती हैं!

–किसके लिए?

–केवल अपना बोझ दूसरे के सिर फेंकने के लिए और बेपरवाह सारे कमरे में कंदील की रोशनी की तरह पसरकर बेसुरे खर्राटे भरने के लिए!

❑

–दोष...! हां, उन्हीं को क्यों दें दोष...! मांग में सिंदूर तो हमने भरा है! हमारे अवगुणों की गीता ही तो उनका भी शृंगार बनेगी।

–जातियां, देश, धर्म और लोलुपता कौरवों की तरह ही अंततः नष्ट होंगी।

–दूसरों का अनादर कर स्वयं आदर पाना एक मृगतृष्णा नहीं है!

❑

–भरे पेट से भूखे पेटों को मेहनत करने का उपदेश देते हैं हम!

–अपने भ्रष्ट चरित्र से चरित्रवान बनने का उपदेश देना, कितना अच्छा लगता है!

–अपनी गलतियों को अपनी कुर्सी की सत्ता में समाहित कर दूसरों पर उसे मैली चादर-सा फेंक देना कितना आसान है!

❑

–आदर्श हमारे शरीर के कलपुर्जे हैं और बाकी सब आदर्शहीन और दंभी हैं, यह मिथ्या एहसास हमारा सबसे बड़ा 'सच' है!

–चारों ओर देखता हूं मैं : बेफिक्र चलती-फिरती हवाएं, हर मौसम के साथ अपने आप उभरते अंकुर, फूलों से मौसम की पहचान और जंगल की बियावान स्याही में बेपरवाह घूमते–जुगनू-सितारे!

–इन-सबको अपनी जिम्मेदारी का एहसास है!...मौन हैं, ये तब भी! जिम्मेदारी का पाठ आदमी की पाठशाला में ही गैर जिम्मेदार लोग पढ़ाया करते हैं!

–कैसे बनेगा तब देश?

–क्या होगी वह जाति?

–कैसे सुधरेगी नस्लें?

–भाषणों की फसलों में धान और गेहूं की बालियां कैसे निकलेंगी?

–कैसे फूलेगी सरसों!

–द्रवित होगी कैसे धरा! ताप देगा क्यों महाशक्तिदाता सूरज!

–वैसे आदमी अब नाग से भी ज्यादा जहरीला होता जा रहा है और इन सब में, जहर घोलने के उपक्रम कर रहा है।

❑

–आइए, लौट चलें हम उस बया के घोंसले के पास!

–अपने वैज्ञानिक विश्लेषण-केंद्रों में उनका परीक्षण करें!

–इस पृथ्वी पर अपने आने का दावा सिद्ध करना है हमें :

आदमी को जिम्मेदारी की जरूरत है,

जिम्मेदारी को आदमी की जरूरत है!

सांकेतिक भविष्य

अचानक हाथ लगी एक डायरी :
कहां हो तुम?
बरस बीत गये पाती भी नहीं,
जिंदगी उबास हो रही है,
कितने द्वार खटखटाये ज्योतिषियों के–
अपनी जन्मपत्री को भविष्य की इकाई मानकर हथेलियों में उतार ली है...!

❑

–डायरी पृष्ठ-दर-पृष्ठ बढ़ती जा रही है :
तुम्हारे लगाये सूरजमुखी के पौधों ने फूल दे दिये हैं,
भयाक्रांत हूं पर,
सारे फूल सूर्य की तरफ पीठ किये खिल रहे हैं,
अपनी मां से सुनी तुलसी के बिरवा की कहानी
याद आ रही है,
सूख जाएगा वह तो...!
सूरजमुखी ने दिशा क्यों बदल दी!
बहुत कुछ है कहने को–
हवा पर बंद है,
पसीने से तर-बतर है देह...!
–डायरी के पृष्ठ कोरे रह जाते हैं!

❑

❍ यह डायरी किसकी है?
❍ सोचता हूं, किसी संज्ञा का होना जरूरी है क्या?
❍ क्या यह डायरी हमारी नहीं हो सकती?

–जिंदगी जैसी चल रही है, उसमें शेष तत्त्व है–प्रतीक्षा! यह डायरी भी प्रतीक्षा

का उलाहना है, इसलिए आशाएं शेष हैं।

–शेष आशाओं के सहारे जीना भी सुखद इतिहास के पृष्ठों को जोड़ना है! इतना ही हो सके हमसे तो अगली पीढ़ी को रोशनी मिलेगी!

–रोशनी की तलाश हम उजाले में भी करते आये हैं क्योंकि, हर उजाला हमारी आंखों का सही चश्मा नहीं है।

–आजकल सही पतेवाले पत्र भी जैसे गंतव्य तक नहीं पहुंच पाते, चश्मे के नंबरों ने भी वैसे ही धोखा देना शुरू कर दिया है। रोज कौन चश्मा बदल सकता है! आखिर, उसी गलत नंबर के साथ अपनी आंखों को अभ्यस्त करना पड़ता है।

–यही विवशता तो है, जो इस तरह डायरी लिखने के लिए हमें मजबूर करती है!

❑

–सुना था, एक बियाबान पहाड़ में एक झोपड़ी थी। झोपड़ी में रात को भी रोशनी होती थी। एक पथिक उस रोशनी को देखकर वहां पहुंच गया। 'अतिथि देवोभव'–हमारी संस्कृति है। पथिक को भरपेट भोजन मिला। उसने फिर बताया कि उसे भूख नहीं लगती, वह इलाज के लिए एक वैद्य के यहां जा रहा है! विस्फारित अभ्यागत को अतिथि ने देखा : विनम्र प्रणाम, मनोरथ हों पूर्ण, पर प्रभु इस मार्ग को फिर पावन मत कीजिए!

–अवश अतिथि और कितना विनम्र हो सकता है!

–अपनी सांस्कृतिक विरासत को सुरक्षित रखने वाले पहरुए क्या हम अकेले हैं?

–संस्कृति के नाम पर अंधकार का पोषण होगा तो सूरजमुखी दिशा जरूर बदलेंगे।

–अतिथि-परंपरा पुराने किलों की दीवार बनेगी!

❑

–अब तक बन जाना था उसे, लेकिन पूर्वजों के हमारे संस्कार पवित्र गंगा की तरह अभी भी साथ दे रहे हैं!

–महानदी महापावन गंगा की धारा जिस दिन अवरुद्ध होगी, वही काल-रात्रि का दिन होगा!

–ऐसे दिन की हमें प्रतीक्षा नहीं है!...करनी भी नहीं चाहिए!

–दिन में चमगादड़ स्वच्छंद घूमने लगे, तो मनुष्यता का गला घुट जाएगा।

❑

–तो आइए, संस्कारों की रक्षा के लिए हम रोशनी का काम करें!

–हमारी आंखें जुगनू बन जाएं और घुप्प अंधेरे को भी उजागर कर दें। इतना

प्रकाश ही काफी है अंधेरे को भगाने के लिए!
—अंधेरा एक चोर है, उसके पांव नहीं होते!
—गुलाब काला हो सकता है, लेकिन न वह रात है, न अंधकार है; वह सुर्ख लाल गुलाब से भी कीमती है!
—ढके हुए ताबूतों में कितने भी गहरे पैबंद लगा दिये जाएं, प्रकाश का पहरुआ वहां भी पसरा मिलेगा!
—हमारे पूर्वजों ने खेतों में कभी कीलें नहीं बोयीं, न हम कीलें बो सकते, सार्थक श्रम की फसल क्यों छोड़ेगा कोई?
—फसल वही तो होगी, जो बोयी गयी है!
—हम आश्वस्त हैं अपने बीजों पर; मेघ न गहराएं, वे स्वयं पानी पीने लगें मधुमक्खियों की तरह पूर्णिमा की रात्रि को, खाद्य नकली भी हो, संस्कार इतने गहरे हैं कि बीज अंकुर फोड़ेंगे ही। हमारा श्रम धरती से इतना पानी जरूर निकाल लेगा कि पौधे कुछ तो देकर जाएंगे।
—युगों से हम श्रम के बीज बोते रहे हैं, इसलिए हर युग में निरापद अवरोधों को हम निरस्त्र करते रहे हैं!
—इसी से हम एक टीले पर खड़े हैं!

❑

—बीसवीं सदी किसी लोमड़ी की कटी हुई पूंछ नहीं है, वह उन्नीसवीं सदी के संघर्षों का इतिहास है और इक्कीसवीं सदी का भविष्यकाल! यह भविष्यकाल प्रबल गुरु-ग्रह की शुभ छाया के आगमन का संकेत है और व्यतीत हो रही साढ़े साती का अंतिम चरण है।
—इन फलितार्थों के साथ जुड़ा है हमारा संघर्ष!
—सब-कुछ स्वीकारने की मजबूरी आज हो सकती है, किंतु उद्वेलित और आक्रांत बागीमन मजबूरियों को भविष्य की मुट्ठी में कुचल देगा।
—तब?
—तब डायरी के पृष्ठ बदल जाएंगे :
—कल ही तो गये थे तुम, आज तुम्हारा पत्र आ गया; तुम्हारा लगाया तुलसी का बिरवा रात में फूलने लगा है; आज से लोगों ने घरों में ताले लगाना बंद कर दिया है; लक्ष्मी सुनहरी गोट ओढ़े मेरे घर आ गयी है; तुम्हारी लक्ष्मी भी यहीं है, प्रतीक्षा कर रही है तुम्हारे आने की; प्रशासकों के बंगले फूलों से भरे हैं, झरने भी फूट पड़े हैं क्योंकि अब वहां जनता के कुचलने वाले पैरों की भीड़ नहीं है; जनता अपने अधिकारों से आश्वस्त है; सूरज समय पर आता और जाता है;

अंधेरा हम चादर ओढ़कर पाते हैं और...!
—डायरी लिखते हुए देह पसीने से तर-बतर नहीं है!
—एक दिन में समूचा महाकाव्य लिख गया है!
—फिर वाल्मीकि और कालिदास आ गये हैं, इतिहास राम का नहीं, जनता का लिखा जा रहा है।
—मृग अब स्वर्ण चमड़े में ही आवृत्त है, स्वर्ण-मृग का धोखा देने वाला रावण सपना हो गया है...!
—जी रहे हैं हम आशाओं के ताजमहल में, व्यर्थ नहीं होगी यात्राएं, हमारे संकल्प, कर्तव्यनिष्ठा और फलित होगी हमारे सामने या फिर हमारी पीढ़ी के लिए!
—अपने पुरखों के वरदान का प्रतिफल हैं हम, हमारी अगली पीढ़ी उस संस्कार से फिर वंचित होगी क्यों?
—सुनहरी धूप के दिन
बैंगनी शाम
आराम की चादर ओढ़े रात...
—अभी-अभी एक ज्योतिषी यही तो बता गया है—भविष्य!
—उसकी भूत-वाणियां सही थीं, आश्वस्त हूं मैं—वह झूठ नहीं बोलेगा, उसका सांकेतिक भविष्य भूत की तरह सत्य होगा। सत्य होगा इसलिए भी क्योंकि वह भी तो जुड़ा है इस बार पूरे भविष्य के साथ।

समय की धारा में

कीमत चुकाने का क्षण

—चीटियों-सा हल्के-हल्के पहले रेंगता है, फिर अचानक काले नाग-सा सरकने लगता है और आकर निगल जाता है अपने शिकार को!

—यह विचित्र जीव है समय, और हम-सब उसके शिकार हैं! जाने-अनजाने हमें उसके शिकंजे में आना ही पड़ता है!

❑

—कल ही शाम सुहावनी थी। शीत में डूबा मौसम मेमनों के साथ खेल रहा था! घरों से लेकर होटलों और सड़कों तक बेतहाशा भीड़ थी!

—शाम गहराई और काजल में बदल गयी। तभी हमने हलचल देखी—चींटी काला नाग बन गयी है।

—हमारी दीवार बेशकीमती कंगूरों में से एक कंगूरा निगला जा चुका था!

—मूर्खों की तरह ताजी भोर का हमने स्वागत किया; हमारी जिंदगी का एक बरस मर गया!

—समय-साकेत ने मक्खी बना दिया और मकड़ी की तरह वह लील गया; मृत्यु का स्वागत करना भी शायद हमारी एक परंपरा है!

❑

—परंपराओं ने हमेशा तोड़ने का काम किया है।

—परंपराओं से जुड़ने के लोभ में ही तो हम समझौते करते रहे हैं।

—हर समझौता विवशता का एक इतिहास है!

—हर साल इसी इतिहास के अंग बनते हुए, कुछ साथियों को छोड़ जाते हैं, कुछ से जुड़ते हैं और अंततः हम स्वयं टूट जाते हैं।

—महासागर बनने का जो अंकुर जन्मते ही हममें फूटा था, कभी मात्र एक नाला बनकर रह जाता है, कभी एक सरिता।

—नदी से आगे हमारी जिंदगी नहीं बढ़ पायी और आधुनिकता के सभी उपकरण इस प्रक्रिया में प्रतिगामी सिद्ध हुए हैं।

❑

–सोचता हूं, क्या हैं हम?–बच्चे को संज्ञा से पहाड़ी–जिंदगी पार करने के बाद भी हम उभर नहीं पाते!

–इतना भी नहीं पा सके, तो संघर्ष और नव–निर्माण का शोध किसलिए?

–शायद इसलिए कि जाने के बाद एक बेजान पत्थर छूट जाए, जो किसी बाग या सड़क के कोने में खड़ा होकर मौसमों से लड़ता रहे और कभी न थकने का झूठा साहस देता रहे!

–सांसों के दरवाजे पर बुझा दीप अब आंधियों और तूफानों से भी जल रहा है!

–बस, इसलिए हम जिंदगीभर बेचैन दौड़ते रहे, उसी बेचैनी में अपना अस्तित्व खो दिया; अब पत्थर बनकर हम चैन से जी रहे हैं।

❑

–हमारे नाम दूसरों के ताजमहल हैं!

–हमारा संघर्ष दूसरों का राजमहल है!

–हमारी नष्ट जिंदगी आजादी का इतिहास है!

–यह सब होता रहेगा और इस क्रम को बनाये रखने के लिए हम हमेशा संघर्षरत रहेंगे।

–यही पर–सेवा है; यही दूसरों की दुनिया को उजागर करने की कीमत है!

❑

–ठहरिए तो, वह अवसर आ गया है : कीमत चुकाने का क्षण सामने है!

–यह हमारी नियति है, नियति से बंधने को हम कटिबद्ध हैं!

–तो लौटें फिर! परंपराओं के घुंघरुओं में समारोह के आयोजन करें!

–अभिनंदन करें, नये वर्ष का!

–उस वर्ष का, जो हमारे छोटे–से मकान का एक कंगूरा, फिर तोड़ ले जाएगा!

श्रम व्यर्थ नहीं होगा

—कैक्टस!

❑

—मुझे कैक्टस लगाने का शौक है। जहां जाता हूं, कैक्टस की जातियों और नस्लों की तलाश करता हूं। उन्हें लाता हूं—कभी खरीदकर, कभी मांगकर और कभी चुराकर !

—एक समय था, मेरे बाग में कैक्टसों की दर्जनों जातियां और नस्लें थीं। धीरे-धीरे वे सब सड़ते गये और अब केवल कुछ बेशर्म तरह के कैक्टस बचे हैं।

—परेशान हूं, कैक्टस-जैसा जंगली पौधा देखभाल के बावजूद सड़ता जा रहा है!

—हां, जब से लोगों ने गुलाब की खेती शुरू कर दी है, कैक्टस शर्माने लगे हैं !

❑

—प्रश्न प्रतिद्वंद्विता का है : दोनों में कांटे हैं, दोनों खूबसूरत भी होते हैं!

—कैक्टस को सहज गम्यरूप से नागफनी भी कहा जाता है। नागफनी किसानों और खेतिहर मालिकों की रक्षक है ! उसकी बाड़ी तारों से भी ज्यादा मजबूत होती है। उसे कोई तोड़ नहीं सकता।

—कई नागफनियों में मैंने खूबसूरत फूल भी देखे हैं!

—शहरी हवाओं में नागफनी के फूल शायद उड़ जाते हैं। यहां लगे कैक्टस शायद ही फूल देते हों।

—बात क्या है?

—नाम का असर तो नहीं है : कैक्टस और नागफनी के बीच कहीं यह अंतर तो नहीं आ गया?

❑

—सोचना मुश्किल है।

—गुलाब की खेती से कम नुकसान नहीं हुआ।

—सुगंध वाले देशी गुलाबों में आयात किये गये विदेशी गुलाबों की कलमें लगाकर फूलों का आकार तो बढ़ाया जा सकता है, उनकी भारतीयता समाप्त हो रही है।

–आयतित गुलाब सुगंधहीन होते हैं।

–हमारी सभ्यता पर भी संभवतः आयातित कलई चढ़ने लगी है।

–विदेशी तत्त्वों की सुरक्षा हमारा कर्तव्यबोध हो गया है। परिणाम यह हुआ है कि हमारे भीतर ही भेदिये उभर आये हैं।

–इन भेदियों की नस्लें गुलाब-जैसी हैं! हमें सम्हालना होता है, खाद देनी पड़ती है और ये मजे से केंचुए की तरह मनमाने पनप रहे हैं!

–गुलाब ने हमारे पेट में कीड़े पैदा कर दिये हैं!

–जलवायु और मौसम को यदि ललकारा जाएगा तो बादल फटेंगे ही, गाज गिरेगी और सूरज अपना धर्म छोड़कर किसी और देश को तप्त करेगा।

–जलवायु और मौसम धरती और आकाश के बीच ही नहीं पनपते, वे हमारे भीतर भी पनपते हैं।

–उनसे ही हमारे व्यक्तित्व का निर्माण होता है। वही हमारे धर्म को निर्धारित करते हैं!

–धर्म मंदिरों और घंटियों के बीच ही नहीं होता; वह तो धर्म के नाम पर हमारे संतोष की चेतना है!

–मंदिर की घंटियां क्षणिक आस्था की मात्र प्रतिध्वनियां हैं!

–मंदिर के पवित्र प्रांगण से बाहर निकलते ही गुलाब और नागफनी के कांटे हमारे भीतर फिर उभर आते हैं।

–वास्तव में धर्म मनुष्य की आस्था का स्वर है और उसके व्यक्तित्व का परिचायक है।

–धर्महीन शरीर दुराचार की ओर प्रवृत्त होता है! परिणाम–हत्याएं, लूट-खसोट और मनुष्य की मनुष्य से दूरी!

–तब हर आदमी का खून एक-सा नहीं रह जाता।

–विधर्मी केंचुए पेट में घुसकर खून पीने लगते हैं और शरीर को पीला बनाते हैं।

–ऐसी स्थिति में जोंक चिपकाने की जरूरत है, जो सड़ा-गला खून पीकर अपने को तृप्त कर ले।

–प्रकृति ने कुछ जीव-जंतु ऐसे बनाये हैं, जो परोपकार के लिए स्वयं गरल-खून पीकर ही जीवित रहते हैं। दुष्ट वे नहीं हैं, उनकी नस्लों को खत्म नहीं करना चाहिए।

❑

–धर्म!

–धर्म हमारा धीरज है!

–धर्म हमारी आत्मा है!

–धर्म हमारा व्यक्तित्व है!
–धर्म हमारी संस्कार-परंपरा को उजागर करता है।
–धर्म गुलाब का फूल नहीं है कि नजर पड़ते ही तोड़ने की इच्छा हो जाए!
–धर्म की सुरक्षा नागफनी है!
–नागफनी-धर्म हमारी मनुष्यता को मानवता का अमृत्व देता है!

❑

–परेशान हूं मैं, अमृत्व देने वाले वह कैक्टस (या नागफनी) अब सड़ते जा रहे हैं।
–उन्हें न पानी की जरूरत है, न उपजाऊ धरती की। तब भी वे रह नहीं पाते।
–धर्म के लिए भी तो कुछ नहीं चाहिए, वह मात्र संकल्प के साथ जी सकता है!
–गुलाब की तरह अब लोग धर्म की भी चोरी करने लगे हैं और फूल तोड़कर मात्र कांटे वहां छोड़ जाते हैं!
–तब प्रतिद्वंद्विता दो कांटों के बीच हुई न?
–जो रक्षक-कांटा है, उसे सुरक्षा के आयाम नहीं चाहिए।
–जो कांटा दिखावटी सौंदर्य को पालता है, वह पालने के श्रम का मूल्य चाहता है।
–धर्महीनता ने मूल्यहीन बना दिया हमें। कहां से पढ़ाएंगे हम मूल्य को, जब मूल्यों की रक्षा हम नहीं कर सकते।

❑

–कैक्टस!
–तुम्हारा दोष नहीं है, मै शिकायत करूं तुम्हारे सड़ने की, जब गुलाब की खाद के कीड़े हमारे भीतर पनपने लगे हैं!
–मैं तब भी अपना मोह भंग नहीं होने दूंगा–कैक्टस लगाता रहूंगा तब तक, जब तक नकली गुलाबों की नस्ल खत्म नहीं हो जाती!
–उसके खत्म होते ही धर्म और मूल्यों का उदय होगा। उनकी रक्षा के लिए हमें तब नागफनी की जरूरत पड़ेगी। ऐसा अवसर नहीं आने देंगे हम कि हमें नागफनी की तलाश के लिए भी आयोग बैठाना पड़े!
–मैं हर देश, हर धरती और हर मूल्यों के कैक्टस की खेती करता रहूंगा–खरीदकर, मांगकर या चुराकर!
–मेरा श्रम व्यर्थ नहीं होगा क्योंकि समय हर 'टकराव' को अजगर की तरह मोड़ देता है।

आभा-मंडल

—जिराफ के बच्चे को गोदी में उठाना आसान है, लेकिन गोद में उठाने के बाद उसकी जीभ से बचना मुश्किल है। वह आपका मुंह चाटे बिना नहीं रहेगा। उसकी खुरदरी जीभ आपके चेहरे पर हल्के घाव भी बना सकती है।

❑

❍तो?

—जिराफ को गोद में लेने के पहले यह क्यों नहीं सोचा कि आदमी या जानवर की पूरी लंबाई कहां से नापी जाती है।

—गर्दन को छोड़कर किसी लंबाई या ऊंचाई नापने का उपक्रम करेंगे तो परिणाम यही होगा।

—गर्दन काट देने के बाद शेष शून्य रह जाएगा, एक निर्जीव शरीर।

—गर्दन ही तो वास्तव में गौरव का ताज मुकुट है, इसलिए ऊंचाई जानने के लिए गर्दन और फिर उसके भी ऊपर कानों तक पहुंचना चाहिए।

—आदमी ही क्यों वृक्ष की ऊंचाई उसकी फुनगी की आखिरी कोपल तक होती है, क्योंकि कोपल मृत-पात्र नहीं है, वह आगे की ऊंचाई की इकाई है।

—हम बहुत बार इस सत्य को भूल जाते हैं और जिराफ की गर्दन को नहीं पहचानते।

—पहचान की उपेक्षा अंहकार है। अंहकार सार्वभौमिक है और व्यर्थ का अंहकार गिद्धों का भोजन है।

—मानव शरीर मूल चेतना में अंहकार-शून्य होता है। एक नादान शिशु के रूप में अवतरित होना उसकी प्रक्रिया है। इसलिए शरीर अंहकार का पात्र नहीं है।

—समय और क्रियाओं के क्रम में सत्य टूटता है और क्रमशः सृष्टि का यह सौंदर्य-स्वरूप बाहरी दबावों का आकर्षण-केंद्र बनता जाता है।

—सत्य को अपनी रक्षा के लिए रक्षकों की जरूरत नहीं होती, इसलिए वह नितांत अकेला होता है।

—इसी अकेलेपन को आ घेरते हैं मकड़ी के जाले-सा झूठ, अहं की हवाई दीवारें, गर्दन से नीचे देखने वाली दृष्टियां और अपराधों के महानगर।

–एक बार क्रम शुरू हुआ तो अंत नहीं।

–अहंकार का परदा आत्मसम्मान को पानी की तरह पीता जाता है।

–आत्ससम्मान अंहकार नहीं है, वह सत्य का सम्मान है, सही मानवता की पहचान है और मानव–चरित्र का स्वर्ण–मंडित सत्य–स्वरूप है!

–सत्य की रक्षा करना कठिन है, क्योंकि वह रक्षा–कवचों को पास नहीं फटकने देता।

–रक्षा–कवच स्वयं असत्य का ताबूत है और इसके घेरे में जो आ गया, फिर अपने से दूर की दुनिया को नहीं देख सकता। इसलिए आत्मसम्मान का संबंध न तो अंहकार से है और न झूठ से।

–ध्यान से देखें, पता चलेगा कल्पना कर्मशीलता से पहले चलती है। कल्पित भावार्थ में इसलिए कहा गया है कि 'मेरे दाहिने हाथ में पुरुषार्थ है, बाएं हाथ में सफलता।'

–सफलता के सूत्र पुरुषार्थ से जुड़े हैं।

–अहंकार पुरुषार्थ को नंपुसक बनाने में कमी नहीं करता। यानी वह ऐसा महावृक्ष हुआ कि जमीन का सारा पानी भी सोख सकता है।

–यह महावृक्ष महाबोधि नहीं है कि जिसके नीचे ईमानदारी के बीज पनप सकें और सच्चाई के अंकुरों को देखा जा सके।

–इसकी छाया में ज्ञान नहीं, मात्र अज्ञान पनपता है, इतने गहरे अज्ञान की घास भी नहीं उग सकती।

❑

–जरूरत है अपनी पहचान की। समय–शरीर के भक्षकों को तभी दूर रखा जा सकता है।

–भेद की दीवारें बनायी नहीं जातीं, वे चींटी की बामियों की तरह अपने–आप बनती जाती हैं।

–बनने से पहले ही यदि सतर्क–सफाई शुरू कर दी जाए तो फिर बामियां नहीं बन सकतीं।

–गरमी शुरू होते ही बर्र अपने छतने बनाना शुरू कर देती है। तब? गरमी को रोका नहीं जा सकता, रोकना भी नहीं चाहिए, बर्र का पहला चरण दिखते ही उसे ध्वस्त करना श्रेयस्कर है।

–एक होड़ है यह, चींटियां बामियां बनाती जाएंगी, बर्र छतने की नींव रखते जाएंगे, हमें सतर्क–श्रम की सम्यक् दृष्टि देनी होगी।

–विनाशकारी और विघटनकारी प्राणी को नष्ट करना पाप नहीं है। मिथ्या पाप का भ्रम पालेंगे तो वह शक्ति पाकर हमला करेगा और मानवता की मूल चेतनाओं और श्रेणियों को दीमक की तरह खाने लगेगा।

❑

–तो, लीजिए एक मंत्र मिल गया हमें : सत्य की सतत् रक्षा करने से अंहकार अपन-आप भूतों की तरह भागता फिरेगा। ऊंचाई की नाप को सार्थक दृष्टि से देखने लगे तो जिराफ के बच्चे को गोद में लेने के पहले ज्ञान बना रहेगा कि उसकी जीभ हमारी जीभ के पास तक तो नहीं पहुंचेगी?

–आभा का घेरा मुख-मंडल और आदमी की तेजस्विता की पहचान आभा-मंडल से ही होती है।

–हमें अपने आभा-मंडल की रक्षा हर कीमत पर करनी चाहिए।

हम मनुष्य हैं

❍समस्या : सही दृष्टि का स्रोत क्या है–व्यापक आयाम अथवा टुकड़ों में विभक्त शक्तियां?

–देखने की दो दृष्टियां हैं। संभवतः प्रत्येक पहलू को हम दो नजरों से देख सकते हैं। कहा जा सकता है और सोचा भी कि जब दो चक्षु हैं तो दृष्टियां भी दो हो सकती हैं।

–विश्व व्यापक है। धरा अनंत नहीं है, तब भी एक दृष्टि में उसे नहीं देखा जा सकता।

–ब्रह्मांड को देखना उतना ही कठिन है। उसके लिए तीसरी दृष्टि होनी चाहिए। तीसरी दृष्टि प्रत्येक मनुष्य में व्याप्त है, उसे जागृत करना होता है।

–तीसरी दृष्टि खुलते ही रहस्य के सभी आवरण निर्वसन हो जाते हैं, लेकिन उस दृष्टि पर नियंत्रित कर चेतना की हथेली उतरना आसान नहीं है।

❑

–पहली दृष्टि को लीजिए : यानी एक व्यापक आयाम को विभक्त कर टुकड़ों में देखना।

–अणु जैसे सूक्ष्मतम प्रतीक का निर्माण व्यापक को तोड़कर ही हुआ है।

–परिणाम : व्यापक दृष्टि में समवेत संतुलन होता है, अणु विस्फोटक बन जाता है और महाविनाश के द्वार खोल देता है।

–बीसवीं सदी की परेशानी ही यही है कि उसने खंडों में व्यापकता को बांट दिया है। हर देश, हर व्यक्ति और समग्र मानवता इससे भय के गंदे नाले के किनारे आ खड़ी हुई है।

–इतना ही नहीं, विश्व की धरा की एकता खंड-खंड होकर नक्शे में कई रंगों में बिखर गयी है। ये रंग उद्यान के पुष्प नहीं हैं, वे गिरगिट के तेजी से बदलते हुए आवेग हैं।

–महादेश देशों में बदल गये, देश उप-देशों में, उप-देश द्वीपों में और द्वीप रह

गये हैं मात्र रेत के नरम टीले जिन्हें कभी भी महासागर निगल सकता है।

–मनुष्यता भी जातियों और धर्मों में बंट गयी है। एक जाति का दूसरे से समझौता नहीं है। सब धर्म नगरों के नाम पर एक केंद्रबिंदु के अनुयायी हैं, किंतु एक-दूसरे को तोड़ने और लीलने में निरंतर व्यस्त हैं।

–अज़ीब स्थिति है : सब पाना तो एक ही चीज चाहते हैं किंतु बातें अलग-अलग कर रहे हैं। लगता है सौंदर्य-नृत्य के वाद्य तो वे ही हैं परंतु प्रत्येक वाद्य अपना अलग अस्तित्व बनाने के लिए नृत्य के सभी मानदंडों को तोड़ रहे हैं।

–टूटने से शांति क्षीण होती है, एक महानद भी नहरों में कटकर नाला बन जाता है।

–जिंदगी को भी यदि टुकड़ों में देखा जाए तो वह एक विभाजित व्यक्तित्व होगी।

–संपूर्णता के लिए विभाजन अभिशाप है।

–इस अभिशाप में राष्ट्र टूट गये। व्यक्ति टूट गये और हमारी दृष्टि खंडित हो गयी।

–प्रत्येक दृष्टि और सोच की परिभाषा ही बदल गयी, जैसे चिंतक और कवि की वेदना और आकांक्षा तो एक ही होती है, वाचक और आलोचक अपनी बौद्धिक-विलासिता में उसके अनेक अर्थ खोजने लगते हैं।

–खोज की इस यात्रा में मूल इकाई यानी रचनाकार विखंडित रहता है, उसे खंडित करने वाले बाज अपने आप टूटने लगते हैं। कब तक अर्थों को अनर्थों के घेरों में खींचकर कमजोर मस्तिष्क को धराशायी किया जा सकता है?

❑

–सचमुच खंडित अणु और खंडित पाषाणों ने सौंदर्य बोध ही नष्ट कर दिया है।

–इतिहास की विरासत हमें टुकड़ों में मिली है। इसलिए व्यतीत के काल-खंड की सत्यता में प्रश्नचिह्न लग गये हैं।

प्रतिचिंतन

शहरों के विषधर

—खोज जारी है!

❑

—प्राचीन काल में, कहा जाता है, एक वृक्ष था। उस वृक्ष के नीचे खड़े होकर जो मांगा जाए, मिल जाता था। कल्पवृक्ष!...पारस पत्थर भी कभी-कभी लोहे को सोना बना देता था। उसे छुआ दीजिए, बस...मात्र स्पर्श में इतना बड़ा गुण था! स्वर्णताल थे और महाबोधि वृक्ष। ज्ञानार्जन के अनंत अटूट भंडार थे!

—युगों की व्यतीत कथाएं शोध के आयाम खोल रही हैं अब!

—शोध के विषय अनंत हैं। इतिहास के गर्त से कुछ भी ढूंढा जा सकता है, क्योंकि इतिहास दुनिया के सबसे गहरे प्रशांत महासागर से भी गहरा है।

—इतिहास वही नहीं है, जो अक्षरों में लिखा है, पत्थरों में खुदा है अथवा धब्बेदार अनगढ़ लिपि में भग्नावेश सुरक्षित है। इतिहास का तीन चौथाई हिस्सा अब मात्र कथाओं में, कल्पनाओं में और विलक्षण मानसिक बौद्धिक क्षमताओं की परतों में आवृत्त है!

—इसी की खोज जारी है!

❑

—खोज कहां से होगी? कहां हो रही है?

—ढली हुई शाम, निस्तब्ध विस्तार, सर्पीली हवाएं, टिमटिमाते दीपक, धूलभरे रास्ते, गड्ढे और गड्ढों में सड़ता हुआ पानी।

—यही नहीं, खामोश नगाड़े, प्रतिध्वनित वन-प्रांतर, रस-विभोर बांसुरी के स्वर, घुंघरुओं की आवाजें, मंदिरों का थरथराता संगीत, गिरते-उठते जमीन पीटते पैर और समवेत स्वर-सुरीले भी और भारी भी। पुरुष-स्त्री का समकक्ष समालिंगन इन्हीं स्वरों की थाती है।

—ये सब यूं ही थमे हैं, फिर पहचान कहां रही!

—कौन कहेगा वह जंगल में है, यह गांव की दीवार फांद रहा है, यह लिपलिपे शोर से दूर शहद के छत्ते को अपने हाथ से तोड़कर निर्भीक शहद चाट रहा है!

–आज के गांव क्या थक गये हैं?
–इतिहास के पृष्ठों में यदि वे भी उतरने लगे तो शहरों का क्या होगा?
❑
–शोध शहरों की संपदा है!
–क्या कुछ नहीं है वहां : दिन–दहाड़े की लूट, खुले आम हत्याएं, कत्लेआम, कभी शोरों का जंगल तो कभी जबरन पहलवान की तरह दबाये हुए जलते सूरज की रोशनी का कर्फ्यू! चुप...!
–होंठ बंद! भारी बूटों की आवाजें। परेड करती पुलिस और बंदूक ताने सेना के जवान!
–शांत रहो सब, बोलना मना है।
–ऐसी ही शांति में क्या नहीं कब गुजरा यहां कितने भेड़िये जंगलों से भागकर आये और लूटकर गधों की पीठ पर पसीने के मोती जबरन ले गये।
–भूखे पेट की कराह पर डंडे नहीं चले क्या? जेल की दीवारें भी नसीब नहीं हुईं।
–लुटा कौन नहीं, द्रौपदी का चीर–हरण आज तक निश्चित और शांत भाव से हो रहा है। तब एक अज्ञात हाथ था–रक्षा–कवच! द्रौपदी का चीर–हरण नहीं हो सका। अब एक हाथ शुरू होता है, कई साथ जुड़ जाते हैं, ऐसे क्षणों के लिए कितनी भीषण वीभत्समयी एकता है!
–दफ्तर की कुर्सियां झींगुरों की आवाजें करती हैं। मुद्राकोष का वजनदार आवृत्त आवाजों को शांत कर देता है।
–अफसर बिना मूंछ के तलवार ताने हैं। आश्वासनों के सौदागर चीलों की तरह मंडरा रहे हैं। रिटायर्ड होने के बाद वही अफसर डायरी लिखता है : '...हमारा जमाना और था, नेक चाल–चलन और ईमानदारी के हमारे चरण–चिह्न अब मिट रहे हैं।'
–नया अफसर डायरी पढ़ता है, दफ्तर के अंधेरे कोने को देखता है और फिर डायरी को टुकड़े–टुकड़े कर लोहे की जंग लगी पेटी में फेंक देता है।...आगे उसे भी तो अपनी डायरी लिखनी है!
–जनता जय–जयकार में आत्मविभोर है। मुख्य संज्ञा ही बदली जाती है, बाकी के बोल वही होते हैं। धोबी जैसे कपड़े पीट रहा है, थकान मिटाने के स्वरों के साथ :
छीयो राम छीयो
छीयो राम छीयो!
–अर्थ किसे पता है!
–अर्थ लापता नहीं है, अब अर्थों के भी अर्थ हो गये हैं। उसी जमीन पर एक

पौधा उगाया जाता है, वही पौधा कभी चमेली बनता है, कभी गुलाब तो कभी नागफनी!

–स्वाधीन राज्य की महान सीमाओं में सामंतक निश्चिंत सो रहे हैं।

–कभी भीड़ के अंग थे ये, अब भीड़ इनका भोजन है।

–काल क्रमशः अंकित करता जा रहा है सब–कुछ। देखते–देखते वही फिर भोज्य बन जाते हैं। तब फिर डायरी लिखी जाती है...'हमारे राज्य में जनता सुखी थी, सड़कों पर हमने छायादार वृक्ष लगाये थे, जहां छिपकर खड़ा हुआ जा सकता था और श्वेत–श्याम स्वर्ण–कलश मिलते थे, अब...।'

❑

–गिरगिट वही नहीं है, जो हमारे बागों में घूमता है। गिरगिट अब हमारे भीतर, हमारे पेट में पैदा हो गये हैं और कीड़ों की तरह!

–इन कीड़ों को मारने की कोई दवा आजकल शोधित नहीं हुई।

–इसलिए शोध–कार्य चल रहे हैं, चलते रहेंगे।

–परिवर्तित है सब–कुछ : शोध के मुख्य आधार और मुख्य आयाम शहरों की संपदा रहे हैं। वे रहेंगे, क्योंकि उनके क्षितिज विस्तृत हैं, वे विशाल महानद और महासागर हैं, विषयों की कमी नहीं है।

–शोध, अब शहर–संपदा के बाहर कल–कल करते स्वच्छ नीर भरे झरनों पर भी हो सकते हैं। उन मासूम चेहरों पर भी, जो सिर पर घड़ा लादकर पानी लाते हैं, दो मील दूर से, जिनके अधनंगे बदन सदियों से सारी ऋतुओं का भार झेल रहे हैं।

–शहरों के विषधर मटमैली झोपड़ियों तक पहुंच रहे हैं, फिर 'विषय' की कमी कहां है?

❑

–तब भी खोज जारी है!

अंधकार से प्रकाश

–पारदर्शी नीर और अनंत गहराइयां, लगता है, हाथ डालकर प्रकाश को कैद किया जा सकता है!

❑

–खोजी, परिश्रमी, श्रमसाध्य और मेधावी व्यक्तियों ने इन अनुभवों को अपनी अनंत ऊर्जा और दुस्साहसी कारनामों के बल पर अनेक बार अनुभव किया है और अपने आवरण को उस निर्बोध बालक की तरह, जो अग्नि-रेखा को महज खेल की मशीन समझता है, उससे बचाया है।

–इसलिए श्रम का अस्तित्व है, खोजियों के आविष्कारों का ऋण विश्व न कभी अदा कर सकता और न कर सकेगा। ये मशीनी आदमी नहीं हैं, अपनी मेधा के नाजुक तंतुओं को बचाना जानते हैं।

–शताब्दियों पहले, या सहज ही कहा जा सकता है कि प्रलय की अनेक श्रृंखलाओं से पूर्व और पश्चात्, इस मेधा-शक्ति का आदर होता रहा है।

–उनके मन में गहन असंतोष था। वे संतोष का एक बारीक जाला पाने के लिए बेतरतीब, बेहताशा पागलों की तरह भटकते रहे। वे पागल नहीं थे।

–पागल वे हैं, जो संतोष की सांस में चैन लेना जानते हैं, यह नहीं समझना चाहते कि संतोष से ऐश्वर्य का नाश होता है, प्रगति के द्वार बंद होते हैं।

–प्रगति का मूल केंद्र है असंतोष–एक अनपच की जिंदगी, जिसमें जीकर भीतरी वाष्प-ऊर्जा के बाह्य तथ्यों के साथ जोड़कर समवयस्क बनाया जा सकता है।

–ऐसा कुछ ही होता है रोशनी में और रोशनी की मद्धम स्थितियों में। निरंतर प्रकाश के प्रगति-चरण हमारी आंखों को चकाचौंध करते चलते हैं। एक चुनौती है, झेला जा सकता है वह समूचा ज्ञानावृत्त प्रकाशपुंज!

–'परीक्षा-केंद्र' में बैठा कोई विद्यार्थी ही इसका उत्तर दे सकता है।

–महान को स्वीकारना और फिर उसे झेलना सहज नहीं है। कमजोर को रास्ता बताना और आंतरिक अनुभूति से तृप्त हो जाना बहुत आसान है।

–प्रकाश महाशक्ति है, ऊर्जा है, सारे विकेंद्रित तत्त्वों का ज्ञानपुंज है, जो नव-निर्माण के मार्ग खोलता है।

❑

–मार्ग बीहड़ है!

–चमगादड़ें हैं यहां, उल्लू हैं, शेर और सिंह भी; वे सब वनचारी या खंडहरों के आश्रित जो अंधकार की उपज हैं।

–अंधकार में बहुत कुछ उपजता है; समूची मनुष्यता का अधिकांश भी। उपज का लेकिन संबंध है मात्र अंकुर से, जिसे सूर्य की तीव्रताओं से बचाना पड़ता है पहले, बाद में उसे ही पनपने और बढ़ने के लिए सूर्य की रोशनी का भिक्षुक बनना पड़ता है।

–अंधकार में मनुष्यता ने भले ही बीज बोया हो, उसका जन्म और प्रसार प्रकाश का आकांक्षी रहा है।

इतना ही नहीं, मनुष्य के आगे चलकर प्रकाश को भी चुनौती दी है और उसकी ऊर्जा को कैद कर अपने स्वामित्व की स्थापना की है। इस प्रतिस्थापना से एक बार प्रकाश भी सहमा है। मेरा अपना स्वयंभू मुझे ही ललकारता है।

–यह सत्य है, यह नियति है; अपना धारक ही नकारने लगता है। सच पूछा जाए तो इसी नकार से प्रगति की पगडंडी चांदी के चंद्र-प्रकाश में क्रमिक स्वर्ण-रेखा की ओर बढ़ने लगती है।

–सूर्य स्वर्ण-पात्र है, प्रकाश उसी का आकांक्षी है। समस्त सृष्टि का विस्तार उसी स्वर्ण-रेखा में हुआ है।

❑

–तब?

–अंधकार को हम इसलिए तो हीन समझते हैं। अंधकार का प्राणी उल्लू संतोष का प्रतीक है। जो अंधेरे में संतोष कर ले, वह भला नयी सुबह की नयी किरण की प्रतीक्षा क्यों करेगा?

–ज्ञान व्यर्थ है उसके लिए।

–ज्ञान भ्रम है उसके लिए।

–ज्ञान अवरोध है उसके पाखंडों का।

–ज्ञान पहरुए की बजनेवाली सीटी है, जो उसे निरंतर भयभीत रखती है।

–इन्हें स्वीकारने लगें हम तो कहां रहेंगे?

–विराट विश्व में एक चौथाई पृथ्वी है, शेष तीन चौथाई भाग पानी से ढका है। लेकिन क्या यही विश्व है। अंतरिक्ष और अंतरिक्ष के भी ऊपर आरोपित

मानव-मस्तिष्क की वे इकाइयां जो मनुष्य को बराबर संघर्ष करने और आगे बढ़ने के आयाम भेजती रहती हैं, क्या विराट विश्व का अंग नहीं हैं?

—ज्ञान-चक्षुओं ने यूं ही नहीं उद्घोषित कर दिया कि मात्र शरीर नश्वर है। शरीर से ऊपर आत्मा की अनंत ऊर्जा है जो सतह से मौन है, लेकिन वास्तव में मौन-मुखर है। उसके संदेश अद्भुत हैं, वह चमत्कारों से आवृत्त है और हमारे लघु-ज्ञान से बहुत श्रेष्ठ तथा परिपक्व है।

—उसी अजर-अमर आत्मा का विश्वास समग्र मनुष्यता का संचयकोष है।

—इसी कोष के संचयन के लिए विकास के समस्त पथ अग्रसर हैं।

❑

—आज अंधेरा है!

—असहनीय है हमें, इसलिए हम ज्योति-किरणों से उद्दीप्त करते हैं प्रकाश के महामहिम राष्ट्रपति को और आह्वान करते हैं धरती पर, पानी की लहरों पर कि हे! ज्योति-किरण उतरो भू पर, संरक्षक बनो हमारा!

—पटाखों की आवाजें, प्रकाश के गगनभेदी बाण, अट्टहास और उत्साह हमारे भीतर का सब स्वीकारता है कि क्षणभंगुर दुःख के तप्त-तापों को हम हंसते हुए स्वीकारें और प्रतीक्षा करें उस प्रकाश-किरण की, जो पृथ्वी से अंतर्ध्यान नहीं हुई, मात्र हमसे ओझल हो गयी है; वह फिर लौटकर हमारे पास आ जाए।

—प्रतीक्षा कभी व्यर्थ नहीं होती। सदियों तक प्रतीक्षा करनी पड़े तो भी उसके परिश्रमी तत्त्व उतने ही बलशाली बनकर हमारे सहभागी बनेंगे।

—आज तो हमें मात्र रात्रि के कुछ प्रहर ही प्रतीक्षा करनी है।

—आइए, अपने हाथ हम अंधकार में डुबो दें, ताकि स्वर्ण-मणि प्रकाश को कैद कर सकें!

—विशालता को पाने के लिए लघुता का हवन जरूरी है : ॐ भूर्भुवः स्वः तत्सवितुर्वरेण्यम् भर्गो देवस्य धीमहि धियो योन : प्रचोदयात्।

—यही अंधकार से प्रकाश की ओर हमारी यात्रा है, अनंत, अनश्वर, अक्षुण्ण, सार्वभौम और सिद्धिदायक।

अकेली आवाज़

–लो, वह आया था, फिर चला गया!

❑

–आने के पहले हल्के-से फड़फड़ाये थे द्वार के दुशाले; पलक झपकती हुई थी कंपन बहुत धीरे-से जरा करवट ली हो धरती ने जैसे; और सोच की इंद्रियां काम करतीं कि सब शांत था।

–पता ही नहीं चला कोई आया था, आवारा हवा अक्सर यूं ही खटखटा देती है दरवाजे–हर समय, हर कभी!

–रिसते हुए अवयव की तरह लगता रहा कुछ कंपा देगा, फिर लगा कुछ तपा देगा, लगा और फिर कि एक बार जल-प्रलय की संभावनाओं की भविष्यवाणी की थी किसी ने!

–रेंगता हुआ केंचुआ, सरकता हुआ अजगर, भागता हुआ आदमी, सब-कुछ तोड़ती हुई मशीनें, वीरान जिंदगी के सीवन और समृद्धि के ताजमहल–कब कैसे अपना काम करते रहे अनाजाना-सा रहा सब-कुछ!

–पहचान हुई तो किसी परदेशी की तरह अपना बिस्तर समेटकर आधी रात को ही वह चुपचाप भाग गया।

❑

–खोज!

–मानवीय साधनों और संचार सेवाओं के माध्यम, मुनादी हुई कि चोर था वह, भाग गया; पकड़ो उसे!

–कौन नहीं पकड़ना चाहता चोर को!

–विश्वव्यापी प्रतिक्रियाएं हुईं : सिद्धांतों और संबधों के प्रतिमान सब टूट गये, सबने समवेत खोज शुरू कर दी!

–पृथ्वी सहती रही बहाने के रौंदते कदम, भारी मशीनों का दर्द!

–आदमी हैं हम आखिर, शक्ति मदांध और कौन होगा!

–अंतरिक्ष की दौड़ : भागा है वह, पकड़ना ही होगा !

–दूसरी दुनिया की खोज!

–व्यर्थ...रह गयी सारी मनुष्यता असहाय वह चोर को नहीं पकड़ सकी!

–इसी आपा-धापी में दौड़-धूप में कुछ रिश्तों के टुकड़े टूट गये; कुछ शक्ति खोकर विलुप्त हो गये, अमरत्व की मिथ्या मनोकामना के अनजाने शिकार कुछ चले गये और कुछ क्षीण वृद्ध दांतों की जगह कुछ उभर आये नन्हें दांत!

–बदला धीरे-धीरे कि पता ही नहीं चला, समूची प्रक्रिया को पकड़ने के आधुनिकतम किन उपकरणों और रासायनिक प्रयोगों का उपयोग किया जाए!

–वास्तविकता : सांसों के प्रतिहारी शेष सांसों को पूरा करने के लिए विवश खड़े हैं। खड़े रहे वे और :

❍लो आया था, फिर चला गया!

❍चला गया वह कभी न लौटने के लिए!

❍चला गया वह हमारे विश्वास की सर्जना को समेट कर, चोर था जो!

❍चला गया वह एक लकीर छोड़कर, पग-चिह्नों को बिना मिटाये!

❍चला गया वह चुनौती देकर हमारे सामर्थ्य को और प्रमाण-पत्र दे गया मनुष्य-जाति को उसकी विवशता का!

❑

–और लो, फिर आ गया वह!

–वह क्या वही है?

–निर्भीक, उसी अंदाज में, बिना दस्तक दिये, सब वैसा ही!

–इतिहास के पृष्ठ हम लौटाने लगे। महत्त्वाकांक्षियों ने कब सही इतिहास लिखा है!

–लुटेरों ने अपनी लूट को सामाजिक परिवर्तन की संज्ञा देकर सफेद पृष्ठों पर काले अक्षरों से अपने स्वर्णिम कारनामे अंकित कर दिये हैं!

–सहमें हुए हैं हम कि उन अक्षरों के सही अर्थ खोजेंगे तो धर्मयुद्ध होंगे, जातियों की गंदी नालियों में परमाणुजीवी कीटाणु पैदा हो जाएंगे...

–इसलिए अतीत को भूल जाओ, अतीत से विशृंखलित जो भी वर्तमान मिला है, उसे अपनी विरासत से जोड़कर सिर झुका लो!

–झुकना तो हमने जन्म से सीखा है!

–झुककर ही तो शांति का पहाड़ा लिखा गया है।

–सुख के लिए, आत्मचेतना के लिए जितने झुके हैं हम शांति के लिए, उतने ही अशांत हुए हैं; अपनी देह-मज्जा से ही नहीं, राष्ट्र के स्वाभिमान के

ताप-मापक यंत्र के साथ-साथ!

—ताप-मापक यंत्र ने हर स्थिति में यंत्रणा के बोझ को सहना सिखा दिया है।

—यही सहते-सहते व्यतीत हो गया और लो वह चला आया : यह वर्तमान!

❑

—सब शांत है!

—इसी को तो खोज रहे थे, पकड़ते क्यों नहीं उसे!

—निर्भीक वह आकर खड़ा है; हल्की-सी मुस्कान उसके चेहरे पर है, मन के भीतर फिर चुनौती भरे लौह-अस्त्र हैं!

—मानव-धर्म शांति और अमन-चैन की भाषा नहीं है।

—वह महत्त्वाकांक्षाओं का बृहत् ब्रह्मांड है और इनकी उपलब्धि न स्वयं चैन से बैठकर हो सकती है और न दूसरे को चैने से सोने देने में मिल सकती।

❑

—इस यथार्थ की पहचान के साथ आइए स्वागत करें, उस चोर का, जिसकी खोज में इतिहास के अनंत पृष्ठ लिखे गये हैं!

—यह क्रम चलता रहेगा!

—खर्राटे भरकर सोने का समय नहीं है, नयी दस्तक मुस्कान देने नहीं आयी। उसने सिर्फ आगाह कर दिया है हमें; अंधे हैं तो पहचान से कतराएं, आंखें हैं तो लक्षणों को समझ लें–

—नये साल की नयी सुबह भावी युद्धों का घोषणा-पत्र है; शांति-पाठों को हम समाधियों में रख दें और उसी अंदाज से नये मेहमान का स्वागत करें जैसे एक प्रशासक दूसरे प्रशासक का करता है।

—मनुष्य-जीवन दूसरे का दमन और आक्रोश सहने के लिए नहीं बना; हर अकेली आवाज की अपनी अलग पहचान है, उसकी अपनी अहमियत है!

भाग्य-रेखाएं

○सबेरे-सबेरे आकर किसने दस्तक दी है! कौन है वह खूबसूरत बालों और भूरी आंखोंवाला खूबसूरत और छरहरी देहदृष्टि से संपन्न?

–कुछ बोले तो जानें हम! हाथ में तीर-कमान लिए अपने देदीप्यमान चेहरे से सूरज की सुनहरी रोशनी के साथ समर्पित करता हुआ एक वृक्ष पर आ बैठा है!

–कोलाहल!

–भीड़; और आगे अपने का उपक्रम! ये सब सौंदर्यमुख वेष में आविष्ट गौरवर्णी कन्याएं लालायित दृष्टि से उसे देख रही हैं! वे चाहती हैं, वह प्रत्यंचा खींचकर तीर क्यों नहीं छोड़ता!

–परेशानी पैदा की मौसम ने! हर समय ऐसा मौसम नहीं आता। नहीं उतरता वह और न अपनी लुभावनी छवि लेकर वृक्ष पर आ बैठता!

–कामदेव?

–देवताओं की संसद का सांस्कृतिक मंत्री, पृथ्वी के पोषण और मनुष्य की काम-चेतना को सुरक्षित रखने का संकल्पी!

–सब-कुछ खो जाता है, जिस दिन हमारी काम-चेतना बुझ जाती है। आयु-भक्षी यमराज की कार्यशाला सतर्क हो जाती है। क्षय होने लगता है मनुष्य। टूटने का क्रम है यह; आयु के चक्र पूरा होने का अंतिम बिंदु है।

–इसलिए कामदेव पूज्य है, वह रक्षक है हमारा–पुरुष हो या स्त्री! मनुष्यत्व से पशुत्व तक सभी को उसकी चाह है। मात्र उसकी कामना से रक्त की धमनियां तीव्र होने लगती हैं और शक्ति का उद्दाम आवेग आगे बढ़ने के लिए प्रेरित करता है।

–काम-चेतना को बनाये रखने के लिए कई स्थिर और अस्थिर आयामों की आवश्यकता है : सम्यक्-जीवन, पौष्टिक भोजन, नियम की आचार संहिता का ज्ञान, विज्ञान की चेतना, मन और शरीर को पारदर्शी झील की तरह स्वच्छ और निर्मल रखना।

–जन्म लिया है तो जीने की अवधि तक अटूट रहना होगा। यह रहना मजबूरी भी हो सकता है और मजे में भी झेला जा सकता है।

–मजबूर जिंदगी से मृत्यु बेहतर है!

—मृत्यु हमारे हाथ नहीं, वह समय साध्य है।

—आत्महत्या या दुर्घटनाएं भी अचानक नहीं हो जातीं, वे सब निश्चित हैं।

—एक अदृश्य महाशक्ति ने जन्म के साथ ही हमारा इतिहास लिख दिया है। अजीब है यह, व्यतीत के पूर्व इतिहास!

—परिभाषाएं हमारी बौद्धिकता की उपज हैं।

—गलत परिभाषाएं भी कम करते हैं, हम प्रमाण हैं हमारी गलती का।

—यानी इतिहास का अर्थ कुछ संदर्भों में व्यतीत का दस्तावेज नहीं होता। तब उसका अर्थ होगा क्रमिक घटनाओं के पूर्वलिखित पृष्ठ; सामान्य दृष्टि हमारी नहीं पढ़ सकती उन पृष्ठों को।

—अज्ञानी हैं तब हम। ज्ञान का स्वामित्व कहीं और है। उसकी संपत्ति को चुराकर हम कुछ पा लेते हैं और इतने में ही हमे बुद्धिसंपन्न मान लिया जाता है।

—यदि ज्ञान संपूर्ण भंडार हमारे भीतर आ सिमटे तो हम कतई बर्दाश्त नहीं कर सकेंगे। हमारा मस्तिष्क उसी समय टूट जाएगा और हमारा जीवन निःशेष रह जाएगा।

—अपच अस्वस्थ होने की प्रक्रिया है, ज्ञानातीत होने की कामना आत्म-विध्वंस है।

—स्थिर और सतर्क गति से चलने में ही हमारा हित है। इस दृष्टि और दानयोग का केंद्र काम-चेतना है। सतर्क रखना चाहिए उसे।

—आज आया है वह उदारचेता महामानव!

—कामोत्सव मनाएं हम।

—हमारे पूर्वज रंग लेपन, सुरभित चंदन, इंद्रधनुषी फूलों की बहारों और पायलों की झनकारों के साथ इस उत्सव को मनाते रहे हैं।

—संतुष्ट कामदेव सभी पर कृपालु रहा है और उत्सव में स्वयं समाहित होकर अखंड नृत्य का संचालन करता रहा है!

—छोटे-बड़े होने का एहसास उसे नहीं रहा। उसे नहीं होगा तो दूसरों को होगा कैसे।

—नेतृत्व जैसा होगा वैसा ही तो वातावरण बनेगा।

—हम लौटें अपने पूर्वजों के पथ-चिह्नों पर।

—सांस्कृतिक आयामों को फिर-फिर स्वीकारना प्रतिगामी होना नहीं है।

—संस्कृति कभी सड़ती और गलती नहीं है।

—भूलते हैं हम; बदलती पीढ़ियों के साथ अस्तित्व को पृथ्वी के आश्रित करते हुए हमें फिर से नये पाठ को शुरू करने का।

—हम भी उत्सव मनाएं, चलें देखें तो क्या देता है हमें वह सुनहरे बालों और भूरी आंखोंवाला दिव्य पुरुष!

—आइए, एक साथ हम अपनी पुस्तकों के पन्ने खोलें : दूध-जैसे पृष्ठों पर केसर के अक्षर, चावल के दानों पर भाग्य की बारीक रेखाएं।

महासागर और आस्था

—अचानक एक पत्र मिला; अंतिम पंक्ति :
प्रसन्न होंगे,
सुखी होना संभव नहीं है!

❑

—पत्र लेखक के भीतरी दर्द का एहसास हो गया और मेरे भीतर के दर्द को भी उभार गया। कई बार सत्य संखिया (विष) बन जाता है। सहने की क्षमता को जवाब दे देता है।

—विपरीत स्थितियां हैं—प्रसन्न होने की; फिर सुखी न होने का विश्वास।

—प्रसन्नता मात्र एक आवाज है!

—सुबह-सुबह चिड़ियों को चहकते देखकर, मौसम को सर्द-गर्म के बीच स्थिर पाकर या फिर रात में बाग में फूली रजनीगंधा की महक से ही सुख का आभास हो जाता है।

—मनचाहा भोजन, नये कपड़े, दोस्ती के आयाम, अचानक धनराशि का सूखे पत्तों की तरह आ टपकना; यह सब उतना ही छलनामय है, जितना अपने को छलता है एक गणितज्ञ : तट पर लहरें गिनते हुए। वह लहरों में भी गिनती तलाशता है।

—गणितज्ञ उस बच्चे से क्या कम है जिसे एक टॉफी दे दी गयी है या नया जूता लाकर पहना दिया गया है।

—जिंदगी काटने के लिए हम छोटी-छोटी बातों में मन बहला लेते हैं।

—जिंदगी काटने के लिए हम छायादार वृक्षों को भी काट सकते हैं। कई बार किसी को काटने में भी प्रसन्नता होती है।

—मैत्री के आयाम भी छायादार वृक्ष ही तो हैं।

—भावनाओं को चावल की तरह पकाना एक दूसरी प्रसन्नता है। भीतर-ही-भीतर मकड़ी के जाले-सा उलझते हुए अपने विचारों में खो जाना अच्छा लगता है।

—अच्छा लगता है खंडहरों पर मकान बनाने की कल्पना करना! खंडहरों की

मजबूती आज के नकली चूने, गारे, सीमेंट की धोखाधड़ी को उजागर करती है; परंतु नहीं बना सकते हम मकान। खंडहरों पर कल्पनामात्र हमारी प्रसन्नता का ताना-बाना है।

—सूत कातते जुलाहे को देखिए, फंदे फंसाते उसके हाथों को देखिए; फंदों से भरते क्रमिक आकार को देखिए, आकार से बनते उसके भीतरी मन की चित्रात्मकता को देखिए। ताना बुनने वाला भी प्रसन्न है, देखने वाला उसके कौशल से प्रसन्न है।

—प्रसन्नता एक क्षणिक आवेग है!

—तपती हुई गरमी में ठंडक का हलका-सा झोंका आ जाए, यही काफी है प्रसन्न होने के लिए।

—हर रोज एक-सी सुबह नहीं होती।

—हर दिन के अखबार एक-सा समाचार नहीं लाते।

—हर रात चैन नहीं देती।

—कोई सुबह होती है लाटरी का भारी इनाम और प्रसन्नता का अपार बोझ!

—कोई रात होती है निश्चिंत और सांसों की समता की प्रतिध्वनि!

—अधिकांश क्षण तनाव में बीतते हैं, भयावृत्त होते हैं, शंकाओं के घेरों में आवृत्त, कुछ छिन जाने का पश्चाताप, और...!

❑

—सच ही तो लिखा है दोस्त तुमने; लगता है एक दिन ही कट जाए तो काफी है!

—मिलो नहीं, दूरभाष से ही कुछ ऐसा कह दो तो विषधर मन पर अमृत की हल्की-सी परत चढ़ जाती है; प्रसन्नता का झोंका भीतर तैर जाता है।

—वरना :

❍ तूफानों से दुनिया भरी है!

❍ रोज सुबह अखाबार मरने की खबर देते हैं!

❍ आदमी, आदमी को तोड़ रहा है!

❍ बेरहम होकर खून से अपने हाथ रंगता है वह!

❍ मांग करता है टूटने की!

❍ मांग की थी हमने कभी सहस्त्रबाहु पृथ्वी एक हो, मानवता कलंक का टीका न बने; अब टूटना चाहते हैं हम टुकड़ों-टुकड़ों में।

❍ अपने आस-पास कांच बिछा रहे हैं!

❍सत्ता बेबस है!

❍हम सत्ता से अधिक बेबस हैं!

❍अखबार पढ़ना बंद कर देना चाहिए, किसी दिन, कभी तो वह प्रसन्नता दे; देगा कहां से, अखबार हमारे परिवेश की प्रतिछाया ही तो है!

❍मर्यादाएं टूट गयी हैं!

❍जाति, धर्म और क्षेत्रों के नाम पर विभाजन की रेखाएं खींची जा रही हैं।

–है भी तो नहीं कोई लक्ष्मण, जो 'लक्ष्मण-रेखा' खींच सके।

–तो मेरे दोस्त, ठहरो, प्रतीक्षा करो!

–भूकंप, ज्वालामुखी, युद्ध और महायुद्ध भी आदमी को नहीं मिटा सके इस ध रती से।

–आदमी ने मिटा दिये हैं बहुत कुछ, जो अब मात्र इतिहास के पृष्ठों में हैं और खोजियों के शोध-प्रबंध हैं।

❑

–प्रतीक्षा रहेगी मुझे, अगले पत्र की :

समय बदल गया है,
प्रसन्न हो या न हो,
तुम सुखी हो, हम भी यहां;
आओ बांट लें दोनों
एक-दूसरे के सुखों को।

–सुख क्षणिक आवेग नहीं है और न मात्र मन के भीतर का कंपन!

–सुख महासागर है।

–धरती नष्ट हो सकती है; महासागर अपार, अगाध जलाशय है, वे बढ़ते जाएंगे।

–प्रतीक्षा करता रहूंगा मैं अगले पत्र की क्योंकि महासागरों की क्षमता पर हमारी आस्था है।

अक्षय-वट

❑धूप!
–पसरी है, सीधी; तड़प रही है जैसे दहेज के लालची किसी आदमी ने एक सौंदर्यमयी काया में तीली छुआ दी है! बेहद परेशान है वह। कोई सहारा नहीं, बेबस कराहती हुई दूसरों को भी परेशान कर रही है!

–धूप ने आंखें खोलीं!

–अपने आसपास देखा!

–पसरी हुई नितांत शांत, शीतल और ज्ञानमयी छाया ठहरी हुई है! जरा भी शिकन उसके माथे पर नहीं है।

–छाया ने अपने दोनों हाथ फैला दिये हैं, स्वर, "आओ, शांति मेरे पास है! शीतलता का मैं स्रोत हूं।"

–धूप ने छाया को देखा, पहले तो वह हिचकिचायी फिर याचना भरे स्वरों में उसने आग्रह किया, "शरण दो मुझे! बेहद परेशान हूं मैं!"

–"तुम और परेशान?"–आश्चर्य से छाया ने पूछा। थोड़ा ठहरकर बोली, "तुम्हारे लिए तो लोग तड़पते हैं!'

–"नहीं, आज मैं तड़प रही हूं। थोड़ा-सा अपना भाग मुझे दे दो!"

–धूप, छाया से भीख मांग रही है!

–थोड़ी-सी छाया दे दो...धूप की याचना है!

–धूप, वह जो जीवंत प्राणधन की संज्ञा है! धूप के लिए कौन नहीं तरसता! न मिले तो जिंदगी की उमर में प्रश्नचिह्न लग जाए!

–आज वही जीवनदायी धूप छाया से एक छोटा-सा टुकड़ा मांग रही है!

–छाया मिल जाए तो धूप को राहत मिले! वह थोड़ा सुस्ता ले! अपनी शक्ति संचय कर ले!

–समय से अधिक क्रूर काल भी नहीं होता! धूप के द्वारा छाया से छोटी-सी मांग करना इसका प्रमाण है!

–आज हम जो हैं, कल रहेंगे एक निर्धारित सत्य नहीं है!

–कल जो थे, आज हैं, यह भी समय की आंख-मिचौनी का खेल है!

—अर्थ!

—स्पष्ट है, काले पत्थर की चट्टान पर फन फैलाये एक नाग बैठा है!

—यह नाग आपका देय दुग्ध पी सकता है; तो वही आपको काटकर समय और काल के परे बहुत दूर ढकेल सकता है!

—जिंदगी : एक निरंतर सत्य का घूमता हुआ पहिया है!

—सत्य किसी मशीन का दास नहीं है! इसलिए कई बार यह पहिया केवल हवा के सहारे निरंतर घूमता रहता है और विद्युत-शक्ति का उद्‌गम होता है!

—पवन चक्कियां अब भी देखना है तो अत्यधिक विकास के बावजूद हॉलैंड चले जाइए! पवन चक्कियां बिना बिजली के हवा के सहारे सब-कुछ वह करती हैं जो बिजली कर सकती है!

—यानी शक्ति का स्रोत प्रकृति है!

—प्रकृति को गोवर्धन पर्वत मान लीजिए, सुरक्षा निश्चित है!

—प्रकृति को नष्ट कर दीजिए तो विज्ञान के अपार उपलब्ध साधनों के बावजूद अधूरापन बना रहेगा।

—प्रक्रिया है यह प्रकृति और विज्ञान के बीच संघर्ष की!

—सूर्य की किरणों को विज्ञान ने खींचकर सौर ऊर्जा का विकास किया है!

—प्रकृति ने बादलों के मानकों को कैदकर धुआं-सा वह भयावह आवरण पैदा कर दिया है कि सौर-ऊर्जा भी कमजोर हो गयी है!

—युद्ध है यह!

—हां! युद्ध प्रकृति और पुरुष के बीच!

—युद्ध है यह अपार क्षमताशील सूर्य और विनम्र किंतु महामारी-संपन्न छाया के बीच!

—आज क्षमताशील सूर्य, छाया का याचक है!

—मैं हूं समय-चक्र; जानता हूं कभी छाया भी सूर्य की याचक होगी!

❑

—मौसमों पर किसका वश है!

—मौसमों पर किसे भरोसा है!

—मौसम किसके साथी हैं!

—मौसम : बेपरवाह, निरंकुश शक्ति-स्रोत है!

—किसी को भी कभी याचक बना दे, कभी किसी के याचक बन जाएं!

—धूप और छाया के बीच जब कभी इनका तैरने का मन होता है, ये धरती पर समंदर पैदा कर लेते हैं! जब शांत हो जाते हैं, धीरे से खिसक जाते हैं और छोड़ जाते हैं अपनी जूठन!

—इनकी जूठन भी उपजाऊ होती है!
—क्या है यह? आदमी इतना अवंश, विवश!
—तरसता है पहले मोहनभोग के लिए फिर संतुष्ट होता है प्राप्य पर!
—फिर वही जूठन पर आक्रोश व्यक्त कर उसे ही स्वीकारता है!
—छाया और धूप; यही तो प्रतीक हैं! यही प्रतिरूप हैं!
—यही मनुष्य की सक्रियता और निष्क्रियता पर आक्रमण करते रहे हैं!
—और मनुष्य महाज्ञानी बोध की अर्थहीन संज्ञा के बावजूद बिकता रहा है काल के हाथों!

❑

—भाई, ठहरो!
—धूप याचक है आज, कल छाया भी याचक होगी, हम क्यों चक्की के पाटों में पिस रहे हैं।! क्यों अपने-आपको पीस रहे हैं हम, बिना पीसने योग्य पदार्थ के!
—मिलकर रहना सीखें हम, क्या परेशानी है इसमें?
—देखिए सामने, धूप जो छाया की याचक थी अपने आप छाया को निगल गयी; धूप है अब, बस, धूप, सब जगह धूप!
—कल यही होगा छाया जो याचक होगी धूप की, निगल जाएगी सब, रह जाएगी वही, छाया...बस, छाया!
—इनको हथगोला चाहिए न!
—मनमाना खेल करने की छूट दी जाए क्या इन्हें!
—हथगोले हैं हम!
—हम, यानी आदमी!...मनुष्य! बांध सकते हैं सब सक्रिय हो या निष्क्रिय कोई!
—हम ही कभी छाया बन जाते हैं तो कभी धूप!
—प्रकृति हमारे भीतर है, बाहर जो विस्तारमय है, वह है हमारा व्यायाम!
—स्वास्थ्य के लिए व्यायाम की नितांत आवश्यकता है!

❑

—आदेश!
—छाया, धूप को कुछ अंश दे दो!
—धूप, छाया के बिना तुम अस्तित्वहीन हो!
—स्वीकारो! मत दोनों अपनी मौत मोल लो हमारे हाथों!
—हमारे हाथ कालातीत हैं, एक कमजोर पड़ता है तो दूसरा उभर आता है! हमें नष्ट करने की क्षमता किसी में नहीं है!
—स्वामी हैं हम समस्त ब्रह्मांड के, परंपरामय हमारा वंश अक्षय है!
—अक्षय-वट की पूजा कौन नहीं करता! छाया हो या धूप या हम और तुम।

चेतना

सहज स्वधर्म

–एक ने दूसरे से कहा : बहुत परेशान हू! दूसरे ने उत्तर दिया : मैं भी कम नहीं हूं, लेकिन जो सर्वव्यापक प्रक्रिया है, उसके लिए चिंता नहीं होनी चाहिए।

–दुनिया का समूचा दौर परेशानियों के बीच से गुजर रहा है। उसमें मनुष्य की एकलसत्ता अछूती नहीं रह सकती!

–दूसरे व्यक्ति ने लंबी बातचीत के बाद एक ही तत्त्वबोधक ज्ञान दिया।

: इच्छाओं का शमन करो और महत्त्वाकांक्षाओं को अपनी आपूर्ति के लिए अपने–आप आगे बढ़ने दो।

❑

–महत्त्वाकांक्षाएं संघर्ष को निमंत्रण देती हैं। संघर्ष से भय खाना भी अनुचित है। वास्तविकता यह है कि हम अपने–आपको नहीं पहचान पाते।

–महत्त्वाकांक्षाओं को पहचानिए, उनसे बात करिये। अपने आपसे बात करने में बहुत मजा आता है।

–इस प्रक्रिया में आपकी इच्छाएं उतनी ही उभरेंगी, जितनी वे पूरी हो सकती हैं।

–अब इसे केंद्र बिंदु मान लीजिए और आगे बढ़ने का संकल्प ले लीजिए।

–समय आपका साथ देगा, क्योंकि आपकी सीमित इच्छाएं काल–बोध की चिंताओं से ही जागृत हुई हैं।

❑

–विपरीत काम करना आंधी, तूफानों से जूझना है।

–जूझना गलत नहीं है, समय साध्य होना चाहिए।

–बहुत बार हम स्वयं भ्रमित हो जाते हैं। हमारा मस्तिष्क किसी बच्चे की तरह छोटा हो जाता है।

–तब दुनिया की बड़ी–बड़ी चीजें छोड़कर हम छोटी चीजें रखने के लिए बड़े संघर्ष से जूझने लगते हैं।

–मैं एक आदमी को जानता हूं : उसने अपने–आपको इतना छोटा बना लिया है कि वह अपने आपको बहुत बड़ा आदमी समझने लगा है।

—आइए, उसके साथ हो लें : किसी अति महत्त्वपूर्ण व्यक्ति के केबिन को धक्का देकर वह सीधे अंदर चला जाएगा। उसे कोई छोटी-मोटी चीज भेंट करेगा, हल्के ढंग से बातें कर अंत में कहेगा, "बस, यूं ही चला आया...मिलिए इनसे रक्षा मंत्रालय...!" वह शायद फोन पर व्यस्त हो जाएगा। "देर हो रही है मुझे, जो कीरिंग सोवनियर के लिए आपने बनाये हैं, एक दो, दे दें।"

—वह फोन पर बातें करते-करते दो-चार कीरिंग उसके आगे फेंक देगा। वह मुस्कान बिखेरेगा। वह बाहर आते हुए कहेगा, "अपने काम तो ऐसे ही होते हैं। होगा बड़ा आदमी, देखा नहीं उसके चपरासी ने कैसी सलाम मारा थी...।"

—आप हंसेंगे न? यह तो मात्र एक उदाहरण है। उसे ऐसे अनेक प्रसंगों में दिन-रात लिप्त देखा जा सकता है।

—हर बड़ी पार्टी में उपस्थित।

—राजनीति से भी अछूता नहीं : भीड़ में नेताओं के यहां शामिल!...क्या कुछ नहीं!

—वह इस शहर की एक गंदी बस्ती में एक छोटे से घर में रहता है!

—अपने-आपको उसने इतना बड़ा आदमी समझ लिया है कि उस बड़प्पन को बनाये रखने के लिए अकेले में आपके हाथ जोड़ेगा, सबके सामने आपकी उपेक्षा करेगा।

❑

—यह व्यक्तित्व चिंतनशीलता के द्वार खोलता है!

—कहीं धोखे से आप भी तो ऐसा ही नहीं कर रहे; अनजाने, अनबूझे सही!

—प्रश्न इसलिए है क्योंकि इच्छाओं को आप चारा न डालें।

—मछलियों को चारा डालकर पहले पुण्य कमाना फिर बंसी में फंसाकर उनसे अपने स्वास्थ्य की रक्षा का दंभ भरना!

—पालतू जानवर प्यार पाता है, प्यार को कसाई-घर में नहीं भेजना चाहिए।

—कसाई-घर बहुत निर्मम है, उसमें जाने दीजिए उन्हें, जिनसे आपका संबंध नहीं है।

—प्यार के सौदागर वासनाओं से पीड़ित होते हैं।

—तब आपके सामने एक पिटारी होती है—सांप, बिच्छुओं और विषैले पदार्थों से भरा 'पिंडोरा बाक्स'।

—एक बार इसे आपने खोला और आप सांप की तरह लचीले और तड़पते नज़र आएंगे।

❑

–आदमी चलता है, दौड़ता नहीं। चलने से एक-एक पग की दूरी सिमटती जाती है और हमारी शारीरिक शक्ति को भोजन देती है।

–दौड़ने लगेंगे तो श्वास बढ़ेगा, शरीर क्षय होगा और संभव है इच्छा के द्वार पहुंचते ही सांस धोखा दे जाए।

–गये थे आप जीवन की तीर्थ-यात्रा में; अपने व्यतिक्रम से आपने गंतव्य से पहले ही जीवन खो दिया।

–अधूरे जीवन का खोखलापन न जाने कितने प्रयोगों और प्रकारों में पुनर्जन्म लेता है।

–इच्छाओं की बेदी पर एक संपूर्ण और सार्थक जीवन की बलि हो गयी।

❑

–संयम समय-साथी है।

–संयम जागृत पहरुआ है।

–संयम ज्ञान ज्योति है!

–संयम एक साधना है, साधना का मूल ध्येय है–शरीर और मस्तिष्क को बिना थकाये स्वस्थ चेतना की ओर ले जाना।

–कहा जा सकता है, सार तत्त्व यही है, मात्र यह कि संयम को गलत परिभाषित मत कीजिए। संयम का अर्थ मन और शरीर की क्रियाओं का दमन नहीं है।

–संयम का सही अर्थ संभव यही है कि मन और शरीर की किसी भी सहज मांग की स्वीकृति और अनावश्यक प्रत्याकर्मी शक्तियों से अलगाव।

–संयम साध लिया तो इच्छाएं स्वयं-शासित होंगी।

–प्रश्न शेष नहीं रहेगा: मैं परेशान हूं।

–परेशानी आपने मोल ली है, खरीदते समय कीमत नहीं दी थी, बेचिए भी नहीं, फेंक दीजिए।

–अपनी सीमा पहचान लेंगे तो संतुलित व्यक्ति बने रहेंगे! छोटेपन का एहसास नहीं होगा और बड़प्पन के मिथ्या आवरण से आप मुक्त हो जाएंगे।

❑

–सहज रहना स्वधर्म है।

–आगे बढ़ने के लिए प्रयत्न सहज प्रक्रिया है, उसे संयम के व्यायाम में ढाल दीजिए : पात्र अपने-आप इच्छाओं के अनुरूप छोटा-बड़ा होता रहेगा।

कालरात्रि

—आज चिंतन की रात्रि है; कालरात्रि नहीं! 'कालरात्रि' मात्र इसलिए है कि स्वस्थ चिंतन के लिए प्रकाश व्यवधानी न हो अथवा काई की तरह फिसलता 'काल' का फलसफा हाथ से न छूट जाए। तमावृत्त है आयाम! प्रशस्त करो मार्ग हमारा!

❑

—अवसर मेहमान की तरह आते हैं और अचानक हमारे द्वार खटखटाते हैं।

—आसानी से अवसर नहीं आता और न आसानी से द्वारों को खटखटाता है। यह अनंत सचेतक और श्रम-पूजक भूमि पुत्र है! इसलिए आता है तो प्रतीक्षा को अवज्ञा मानना है।

—सोते रहे हम या जरा-सी देर की द्वार खोलने में कि वह ओझल! कोई भी नयी क्रियाशीलता फिर नहीं पा सकती उसे, कम-से-कम उसी समय। लगता है, पृथ्वी के महागर्त में हमारे आलस्य और संतुलन को लेकर वह समा गया है।

❑

—एक क्षण जन्म लिया था अवसर ने, बच्चे की तरह!

—बच्चे का जन्म क्रंदन से होता है। अर्थात् जन्मना हम संघर्ष के लिए हैं। क्रंदन हमारी नियति है, उससे उबर सकें, इसके लिए कठिन श्रम की अपेक्षा है।

—श्रम कमल है, जन्म कीचड़ में, पत्ते गंदे पानी में, सौंदर्यबोधक पुष्प पानी के ऊपर। यही ऊपरी सतह क्रंदन और श्रम के बाद की स्थिति है।

—स्वीकार लें इसे तो सहज होगा : भागें नहीं शांति के लिए वनों में, अकेले बंद कमरों में या शांतिपाठ की मुद्रा में।

—भागेंगे भी तो भगाने देगा हमें मस्तिष्क : सदा जागृत, सदैव कठोर श्रमरत।

—समय और काल को लीलता, दूसरे अवधानों को हर क्षण जन्म देता मस्तिष्क चेतनावाहिनी धमनियों का अनुभव है।

—स्वयं स्थिर है वह, अप्रवाहमान; प्रवाह की अनंत धाराएं उसके ऊपर से गुजरती रहती हैं, अपने सामर्थ्यानुसार उनको 'स्वीकार' मिलता है।

–कोई डिगा नहीं सका मस्तिष्क को–ज्ञान, विज्ञान, तकनीक या बदलती पनपती शक्तियां। डिगाएंगी कैसे, उनका स्त्रोत भी तो मस्तिष्क ही है।

–चुनौती इसलिए न दें हम उसे और न लें उससे। एक सैनिक को अधिकार नहीं है कि वह परिणाम का परिचय पूछे।

–मस्तिष्क समूचे शरीर का यदि चेतना केंद्र है तो फिर इस समझ के बाद उसके आदेशों के संकेतों को समझने की संचेष्टा हर क्षण करनी चाहिए।

–वह सर्वशक्तिमय, शक्तियों का जन्मदाता और स्वयं ईश्वर है!

–अनादि काल से एक प्रश्न उभरा है :

❍ तुमने ईश्वर को देखा है!

❍ नहीं!

❍ तुम्हारे पिता ने!

❍ नहीं!

❍ पितामह ने!

❍ नहीं!

❍ उपदेशक ने?

❍ नहीं!

❍ मनुष्य जिसे ईश्वर की संज्ञा देता है उसने!

❍ नहीं!

–फिर 'ईश्वर' कहां से आ गया है? हाथ पर हाथ रखकर एक हवा की प्रतीक्षा करने की बात कैसे उत्पन्न हो सकती है।

❑

–फिर भीतर जाना होगा हमें।

–अपने जन्म की क्रंदन प्रक्रिया से लेकर शांति की दुर्गम तलाश तक और फिर संघर्ष के बाद कुसुमित कमल बन पाने की क्षमता तक।

–कठिन नहीं है यह सब समझना। काम जैसे कोई भी हो कठिन नहीं होता। गलती कितनी भी बड़ी हो? अक्षम्य है, यदि वह निरंतर कार्य की अत्यधिक सीमा से परिचालित है।

–गलती उसी से होगी जो काम करेगा।

–अवसरों की दस्तक पर जो नींद की सुर्खियों के इतिहास गढ़ेगा, उससे भला क्या गलती हो सकती है।

–उसकी विकास कामना व्यर्थ है। उसका 'मनुष्यत्व' मात्र उसी का संबंधी है।

–ऐसे व्यक्तियों की बात समय नहीं करता।

–समय संघर्षों का साथी है; समय चुनौतियों का प्रतिहारी है; समय समभाव की मैत्री का नियंता है।

❑

–आकर खड़े हो गये हैं हम कल्पवृक्ष के नीचे।

–परिभाषाओं की अपेक्षा नहीं है।

–हमारे शरीर में मस्तिष्क महाशून्य चेतना का सबसे जागृत अणु-खंड है।

–जागृत अणु-खंड ही ईश्वर है।

–उसकी पहचान के लिए अब आंखें बंद करने की जरूरत नहीं है।

–आइए, इस अबाध अंधेरे में खुली आंखों से कालरात्रि का हम अभिनंदन करें।

–हमारा अभिनंदन करने के लिए सूर्य की प्रथम रश्मि के साथ अथाह जनमानस खड़ा होगा!

–हम, अभिनंदन करेंगे उस जनमानस का क्योंकि वह हमारा मेहमान है, हमसे कुछ मांगने आया है; दाता कभी कृपण नहीं होता।

कल्याणमयी धरती

❍लगता है कभी समय जैसे ठहर गया है। लगने का यह आभास कहां से उपजता है?

❑

—जीवन-यात्रा आ आहै तो बीहड़ों से ओत-प्रोत अत्यंत कठिन भी।

—सोने से पहले रात को सारे बेतरतीब बिखरे सामान को हम-सब व्यवस्थित करते हैं, ताकि सूर्य की पहली किरण के साथ जो कुछ अवतरित होता है, शांत सरिता के निर्मल जल-सा पवित्र दिखे। कुछ हिलता हुआ लगे तो सारा दिन दहशत में बीत सकता है।

—रात्रि में व्यवस्थित होने की आकांक्षा भविष्य की अनहोनी को संभालने का प्रयत्न है।

—यह यत्न एक दिन नहीं करना पड़ता, यह जीवन पर्यंत का संघर्ष है।

—यही संघर्ष सुबह का संबल है।

—कहते हैं ब्रह्म-मुहूर्त में जो किया जाए या सोचा जाए, आस्था का दीपक बन जाता है।

—आस्था अटूट शक्ति-संचय का भंडार है। यह कफन को भी रोशनी के महासागर में बदल सकती है।

—ज्ञानबोध की असमर्थता इतने सहज माध्यम को भी नहीं पहचान पाती।

—अज्ञान गर्त है। जंगली घोड़ों को हाथियों की तरह बांधने का प्रयास इसी से उपजता है। अंततः वह विफलता का टूटा हुआ कांच सिद्ध होता है।

❑

—जीवनदायिनी शक्तियां हमें घेरे रहती हैं।

—उन्हें परखने के लिए जागृत होना अनिवार्य है।

—जागरण का गीत बचपन से लिखा जाता है और कभी समाप्त नहीं होता।

—नितांत वृद्ध व्यक्ति भी जागरण की हल्की-सी सुरखी के कारण सीने में ताजमहल गढ़ने के सपने देख सकता है।

–तब तरुणाई का क्या कहना?

–तरुणाई तो बागी फसल है, उस खेत की जिसके खिलाफ मौसम ने जेहाद छेड़ा है।

–बागी फसल को बढ़ने से कोई रोक नहीं सकता। रोकने का यत्न भी नहीं करना चाहिए। यत्न करना उस पीढ़ी का अभिशाप मोल लेना है।

–जहां-जहां और जब यत्न हुए हैं अभिशप्त पीढ़ी ने जलन का इतिहास लिखा है।

–व्यतीत से शिक्षा लेना मनुष्यता की प्रगति का द्योतक है। इसलिए जीवनी-शक्ति को अस्वस्थ की कैद में केंद्रित नहीं करना चाहिए।

–हमारा जन्म विकसित होने के लिए है।

–हमारा जन्म विकसित होकर अन्य आयामों को विकास के नये क्षितिजों की ओर ले जाने के लिए है।

–विकास की इस कड़ी में अकेलेपन नहीं; मिट जाने के बाद शेष पीढ़ी और पीढ़ी के बाद आने वाली पीढ़ी सभी शामिल हैं।

–अंततः इसी से एक व्यक्ति गौण हो जाता है। उसके कार्यों की प्रतिध्वनियां उसे अमरत्व देकर अगली पीढ़ी के सिर पर पगड़ी बांध देती हैं।

–यह दायित्व बोध है।

–दायित्व का समीकरण हो जाए तो सांसों की गिनती व्यर्थ है। यहीं से अमरता का मार्ग प्रशस्त होता है और न व्यक्ति को, न देश को और न विश्व को 'अस्थमा' हो जाने का भय रहता।

❑

–निर्भयता ही गति है और गतिमान के तलुओं में रेगिस्तान की ज्वलनशील रेत भी जलन नहीं पैदा कर सकती और न तपता हुआ सूरज माथे का रंग बदल सकता।

–निरंतर चलते रहना ही सार्थक जीवन की पहचान है।

–बाधाएं आवश्यक तत्त्व हैं, उनसे ही गति को पोषण मिलता है।

–इसलिए हर अवरोध का हंसकर सामना करना चाहिए। कार चलाने वाला अवरोध के सामने रुकता नहीं, हल्के से धीमा होकर फिर और जोर से एक्सीलेटर दबाता है। अवरोधक ने जो समय ले लिया है, इसी तरह पूरा करता है वह!

❑

–जीवन के रास्तों में आने वाले अवरोधक ही यह भान देते हैं कि जैसे समय ठहर गया है!

–गहरे पानी में पत्थर डालिए तो भंवर बनेगी, हलचल होगी, कितनी देर?

–इस समझ के बाद यह सहज हो जाता है जानना कि क्रियाहीनता ही समय के ठहराव का आभास है।

–पृथ्वीपुत्रो! जागृत हो और इस आभास से फासला रखो।

–यह कल्याणमयी धरती मात्र एक संज्ञा का भार नहीं ढोती, इसमें सदियों का भार ढोने का सामर्थ्य है!

–हम वह सामर्थ्य लें!

–हम वह सामर्थ्य दें!

पहरुआ

—चेतना!

—पूछा है आपने कि जागृति और चेतना में क्या अंतर है? दोनों क्या पर्यायवाची नहीं हैं?

❑

—नहीं, ज्ञान के अनावरण-बिंदु यह प्रमाण देते हैं। आवरण-केंद्रों ने भी भेद की सीमा बनाये रखी है।

—जागृति, एक जागरूक पहरुआ है! सावधान का संकेत है। यह सावधान करता है अनेक तत्त्वों से!

—जागृति विकसित मस्तिष्क की अग्रगामी दृष्टि भी है। वह वर्तमान, व्यतीत और आगत को एक साथ लेकर जीता है। जो व्यक्ति या संस्था या संप्रदाय ऐसा हो, उसे 'जागृत' होने की संज्ञा दी जाती है।

—चेतना इससे भिन्न है। व्यक्ति जागृत हो सकता है, चैतन्य नहीं। चैतन्य नहीं है तो हर जागरण के बावजूद वह अंधकार का ग्राही बन सकता है।

—अंधकार में पलने वाली शक्तियां ऐसे ही क्षण की तलाश में होती हैं कि कब जागृत व्यक्ति जागरण के एहसास के बावजूद चेतनाहीन हो जाता है!

—चेतना वास्तव में 'तीसरी आंख' है!

—चैतन्य-शक्ति के लिए जागृत होना या जागरूक होना बहुत आवश्यक नहीं है।

—दोनों एक-दूसरे के समान-धर्मा हो सकते हैं। लेकिन समान-धर्मी कभी नहीं हो सकते।

—चेतना एक महान शक्ति का नाम है। चैतन्य-बोध अनायास नहीं हो जाता, जागरूक होने से भी नहीं।

—महात्मा बुद्ध जब तक जागृत रहे, वे आकांक्षाओं-प्रत्याकांक्षाओं, जीने और न जीने, पाने-न-पाने, खो जाने या उठ जाने; न जाने कितनी प्रत्यंचाओं में घिरे रहे। खोज का हर सूक्ष्मदर्शी केंद्र-बिंदु उन्हें भटकाता रहा।

–वे स्थित–प्रज्ञ हुए। क्षय हुए। कर्म–साधना से आहत अवचेतन सृष्टि में भी वे जाने में सफल हुए; किंतु सत्य और ज्ञानबोध उन्हें तब हुआ, जब उन्होंने मान लिया कि मात्र 'जागृत' रहना भ्रम है, 'चेतना' उसके बहुत आगे है!

–उनका चैतन्य–स्वरूप मोक्षगामी बना और वे मनुष्य से मनुष्येतर किसी और स्थिति में जा पहुंचे। यह स्थिति ज्ञान का चरम लोक है। उन्हें ज्ञान तभी मिला जब उन्होंने चेतना को पहचाना।

❑

–चेतना, स्पष्ट है कि एक प्रकाश है!

–प्रकाश वह नहीं जो दीपों से मिलता है या ज्ञान से सूर्य की सहस्त्र–वाहिनी ऊर्जा शक्ति से!

–प्रकाश महा–अंधकार के बीच अंकुरित होने वाला लघुतम बीज–गण है।

–अंधकार को जिस तरह मात्र एक सामान्य जुगनू भेदकर रहस्य का अनावरण कर देता है, चेतना का वह लघुतम बीज जागरण के सभी स्वरों को अवचेतन बना देता है।

–जागरण एक गीत हो सकता है!

–जागरण मानव रहस्य का पहरुआ हो सकता है!

–जागरण व्यतीत को वर्तमान में ला सकता है!

–जागरण वह नहीं कर सकता जो चेतनामयी अदृश्य शक्ति कर जाती है। किसी को पता न चले और वह अनेक उलझनों और व्यायामों के बीच फंसा हुआ यूं चला जाए कि शेष रह जाए मात्र पछतावा।

❑

–चेतना की शक्ति को पहचानो।

–चेतना का वरदहस्त जिसे मिलता है, उसे जागरण की चिंता नहीं है; वह दिन–रात या मात्र दिन में, रात में मात्र या जब चाहे सो सकता है। जब चाहे जाग सकता है। सोना उसके लिए आवश्यकताओं की सूची से हट जाता है। सोने और जागने की प्रक्रिया के पीछे सुविधाओं के राजमहल होते हैं; चैतन्य व्यक्ति इन राजमहलों का प्रतिगामी नहीं है। वह हर दर्द ही दास्तां का दावेदार है, वह हर क्षीण–शक्ति का परिचायक है, वह हर घटित होते अव्यय का साक्षी है; इसलिए इस बात की भी सुरक्षा देता है कि चेतना एक महाशक्ति है, वह अक्षय है।

–एक अर्थ स्पष्ट हुआ : चेतना महाशक्तिमय अक्षय वट–वृक्ष है!

–चेतना, प्रकाश की सहस्त्रतम शक्तियों को अपनी मुट्ठी में कैद कर, एक नयी पहचान छोड़ती है!

–मनुष्य को और क्या चाहिए! मनुष्येतर जीवों की चाह क्या है, किसी को पता नहीं! जो है सो अल्प है; जैसे मछली को पानी या कैक्टस को रेगिस्तान!

–मनुष्य की आकांक्षाएं पहचान की परिधि में हैं।

–जिस दिन आदमी अपनी पहचान पा जाए, वह सार्थक चेतना का केंद्र-बिंदु होगा।

–चैतन्य व्यक्ति स्वयंसिद्ध होता है, स्वयं बुद्ध होता है, वह स्वयं सम्यक्-ज्ञान है! उसे चाहिए क्या?

–शायद यही क्षण होता है जब एक आदमी इच्छाओं और वासनाओं से विरक्त एक ऐसी स्थिति में पहुंच जाता है, जब वह अपनी सीमा के बाहर चला जाता है!

–एक आदमी असीम हो जाए तो फिर शेष क्या है?

❑

–दोष उसके लिए नहीं, दूसरों के लिए है–वह उनके लिए मनुष्य नहीं, मनुष्येतर एक परम शक्ति बन जाता है।

–परम शक्ति हो तो ईश्वरत्व है।

–पहचान लिया आपने, चेतना क्या है, चैतन्य होना क्या है, स्वयं-चेता बनना क्या है?

–चेतना मुक्ति है!

–जागृति जीने का संघर्ष है और आने-जाने की प्रक्रिया में क्षय होता प्रतिमान है!

–हमें चेतना-पुरुष बनने का प्रयत्न करना चाहिए और इस प्रयत्न में जागृति को अपना पहरुआ आसानी से नियुक्त किया जा सकता है।

सूर्य किरण

उस दिन एक छाया ने जन्म लिया था; वह पसरती गयी और सीधी खड़ी हो गयी। सीधे खड़े होते ही आतंक और भय से कंपन व्याप्त हो उठे!

—छाया अंधकार है, तो पहचान भी तो वही होगा। छाया भूत बन गयी।

—भूत सामने आ जाए तो कौन भय नहीं खाता! भूत तो भूत ही है : छाया का भूत या जीवन का भूत!

—यादों की गलियां अक्सर अंधेरी होती हैं, इसलिए भी कि भविष्य की चुनौती आस्था और विश्वास दे जाती है।

—कब, कौन पहचानता है उसे और कैसे, यह अपने-आपसे अलग प्रश्न है।

❑

—कोई प्रतिरोधक खड़ा होता ही है। हमने भय से आंखें मिलायीं और भूत को पकड़ना चाहा। पकड़ में न भूत आया और न भय ने ही हमें कंपाया; तभी धरती फाड़कर एक नन्हा-सा अंकुर प्रस्फुटित हुआ। बाल-सुलभ तुतलाहट में उसने अभिव्यक्ति दी : मैं तुम्हारा भविष्य हूं; भविष्य भूत को नहीं पहचानता।

—स्थिर, साहस और धैर्य के अमिट अक्षर यहीं से उभरे और संज्ञा दी गयी : स्वर्णाक्षरों की।

—स्वर्ण प्रकाश है।

—प्रकाश सूर्य है।

—सब तिरोहित हो जाता है, सूर्य कभी अस्त नहीं होता।

—जो हम देखते हैं मात्र भ्रम है। यह भ्रम मिला है एक ग्रह से—वह है पृथ्वी।

—पृथ्वी लगती तो स्थिर है, परंतु वह निरंतर चक्कर काटती रहती है। इस क्रम में उसे संघर्षो का सामना करना होता है। यही संघर्ष रात और दिन से पहचाने जाते हैं।

—दिन-रात के संघर्ष में पृथ्वी कितनी टूटती है, कितनी जुड़ती है, कितनी पिसती है; इसे समझना है, तो अपने को उसके साथ जोड़कर देख लें हम। इसलिए कि हम रहते पृथ्वी पर ही हैं न!

–पृथ्वी हमेशा खींचती रहती है हमें; उड़ते हैं तो भी पृथ्वी के आकर्षण से संघर्ष करना होता है, डूबते हैं तो भी वही। यानी ऊपर जाएं या नीचे, हमारी जन्मना धरित्री हमें मुक्त नहीं होने देती।

–आखिरी पृथ्वी के गर्भ से ही हम उत्पन्न हुए हैं। कोई अपने गर्भ को गर्व-क्षोणित नहीं होने देना चाहता। तब हमारी धरित्री-मां उससे वंचित क्यों होगी?

❑

–तब भी हम भिन्न हैं, सूर्य-पुत्र कहलाते हैं। जन्म भले कोई दे कारक होता है नियंता।

–हमारा कारक महाशक्तिशाली अक्षुण्य और पराक्रमी सूर्य है। इसलिए धरती की ममता के बावजूद हम शक्ति का संचयन सूर्य से लेते हैं।

–महारथी सूर्य नस्लों की परखनली में एक रेखा खींचता चलता है। वह कभी क्षीण नहीं होती। युग-युगों से जन्म की यह कहानी चलती रही है और चलती जाएगी।

–धरती अंधकार का प्रतीक बनी रहेगी। उस पर छाया के भूत उभरते रहेंगे और कभी पकड़ में नहीं आएंगे।

–इसके विपरीत प्रकाश की चेतना पकड़ी जा सकती है–बुद्धिबल, चातुर्य, चुनौतियों के पड़ाव और विकसित होने के अजस्त्र ऊर्जा-स्त्रोत!

–विकास के इसी क्रम में चन्द्रमा में बस्तियां बसेंगी, ध्रुवों में मनुष्य की सहनशक्ति परखी जाएगी, श्रेणियां पराजित होंगी, पर्व बांधे जाएंगे और महासागरों के नथुनों में मछली को फंसाने वाला कांटा सहज ही प्रयुक्त होगा।

–धरती विकसित होगी; आकांक्षा है तो जलप्लावन के बावजूद ठोस धरती विस्तार पाएगी।

–युद्ध होते हैं, होते रहेंगे।

–झगड़े का महत्त्व नहीं है, महत्त्व है छोटी मछली और बड़ी मछली का।

–इस क्रम में छाया और अंधकार, पृथ्वी और उस उभरते विविध आयाम, सप्राण और निष्प्राण सभी शिकार होंगे संघर्ष का।

–यह संघर्ष न तो सहज है, न बोधगम्य। कई बार पहचान के बाहर भी।

–सांपों से खेलने की आदत इसी संघर्ष का प्रतिफल है।

–सांपों को पकड़ते हैं हम, उसके दांत उखाड़ देते हैं और उसके विष का उसी के विष को मारने के लिए प्रयोग करते हैं।

–कई बार सांपों से खेलने की लड़ाई में डंक भी लग जाता है और हम पराजित

हो जाते हैं, लेकिन यह पराक्रम तुलनात्मक और गुणतत्त्व की दृष्टि से नगण्य है।

❑

–अर्थ हुआ कि हम खतरनाक मोर्चों का सामना करते रहेंगे। हम संभवतः स्वयं खतरे पैदा करेंगे और उनसे संघर्ष भी स्वयं करेंगे।

–करना भी चाहिए। लक्ष्य जन्मना निर्धारित है।

–जहां से उठे हैं, रोज एक कदम आगे बढ़ेंगे। जहां सोये हैं, सुबह जागेंगे तो परिप्रेक्ष्य पिछड़ चुका होगा, प्रतीक्षारत होंगे प्रगतिशील आयाम।

–क्यों?

–क्योंकि गर्भ धरती का भले हो, हम सूर्य पुत्र हैं।

–अपने वंश को कलंकित करने वाला क्षणजीवी होता है। पृथ्वी पर कितने जंतु उपजते हैं और पनपने के पहले ही तिरोहित हो जाते हैं।

–एक बार हमें जन्म देने की किसी ने भले गलती की हो, हमारा स्वर चुनौती का होगा।

–ऐसे साहसी, जीवंत प्रक्रिया में आबद्ध कभी धाराशयी नहीं होते।

–अंधकार, भूत, भय और छाया पराजित होते रहेंगे; हमारा बीज-बिंदु इनसे बहुत अलग है!

❑

–नमन कीजिए उस महाशक्ति का : हे! अजेय अधर्मा, अनिर्णीत, प्रकाशपुंज मेरे पिता : सहस्त्र ऊर्जाओं से अभिषिक्त सूर्य।

–पिता की छाया मात्र पर्याप्त है, हमें चाहिए मात्र एक सूर्य-किरण!

जागरूकता

बचाएं सदी को

–सौंदर्य और सद्भावनाओं को आवृत्त कर रहा है अंधेरा! आखिर क्यों?

❑

–अंधकार विषमता का विषव्यापी बीज है, लेकिन वही सब-कुछ तो नहीं है।

–भ्रम होता है सूर्य के खिसकने से कि वह अंधकार से भयभीत होकर पानी-पानी हो जाता है।...लेकिन यह भ्रम ही तो है, सूर्य कभी तिरोहित नहीं होता। धुरी पार घूमती हुई धरती हमें अनेक बीहड़ रास्तों से रोज चक्कर खिलाती है।

–यहीं से एक भ्रमजाल शुरू होता है।

–महाप्रतापी, तेजस्वी सूर्य शक्तिदायी है और पृथ्वी के किसी-न-किसी कोने में हमेशा बना रहता है।

–सूर्य दर्द से दूर है और पृथ्वी दर्द-पीड़ित है।

–पृथ्वी का दर्द जब परिभाषित होता है तो वह हमारा दर्द बन जाता है। इसलिए हम दर्द को समझते हैं।

–दर्द और अंधेरा एक भाईचारे से जुड़े हैं, लेकिन अंधेरा रात्रि का प्रतीक नहीं है; क्योंकि रात्रि दर्द नहीं है।

–सामने लगा हुआ हरसिंगार रात्रि को फूलता है और शयनकक्ष में आकर पसर जाता है।

–थकी और टूटी देह रात्रि की बांहों में ही तरोताजा बनती है।

–प्रेम का इतिहास प्रकाश में नहीं रात्रि के मोहपाश में लिखा गया है।

–जिंदगी रात्रि की शांति में आवृत्त होकर ही सुबह संघर्ष के लिए अपने को तरोताजा बनाती है।

❑

–प्राचीन युद्धों का इतिहास गवाह है। सारे युद्ध प्रकाश में लड़े गये हैं; रात्रि को समूची सेना सुख की नींद से सोती रही है। वह शिविरों में विश्राम के लिए चली जाती थी और सुबह की पहली किरण के साथ ही फिर संघर्षरत होती थी।

–अब ऐसा नहीं होता : राक्षसी टोही अंधकार का फायदा उठाकर जहरीला धुआं छोड़ जाती है।
–सदियों के साथ शायद मनुष्यता के मानदंड भी बदलते रहते हैं।
–बदलें भी तो प्रबल आकांक्षी शक्तिधर मनुष्य उन्हें मुस्कराता हुआ झेलता है और संघर्ष करता है।
–अंततः विजयी मनुष्य ही होता है, पराजय की कालिख सत्य और धर्म के मानदंडों को बदलने वालों के हाथ लगती है।

❑

–युगों से चलता रहा यह संघर्ष अब एक नये मोड़ पर खड़ा है।
–सघन वन के बीच एक सिंह खड़ा है। वह चौराहे पर है, चारों ओर देखता है, चैतन्य। वह कहीं उलझा हुआ है, इसलिए अपना मार्ग नहीं खोज पाता। अंततः अचानक किसी एक दिशा की ओर वह छलांग लगा देता है। वह छलांग उस ओर लगाता है, जहां कोई कमजोर अवयव उसे दिखायी पड़ता है।
–अपने से मजबूत शक्ति से लड़ना आसान नहीं है। कांच पत्थर की चोट नहीं खा सकता, उसे टुकड़ों–टुकड़ों में बिखरना होगा। इसलिए कांच कभी संघर्ष को आमंत्रित नहीं करता।
–सिंह और कांच का प्रमाण एक प्रश्न खड़ा करता है तो उत्तर भी आसान बनाता है।

❑

–हम बीसवीं सदी के अंतिम चरण में हैं। कह सकते हैं, एक युवक अपनी जीवन–यात्रा की समाप्ति पर है और वृद्धावस्था के केंद्रीय–कक्ष में पहुंच रहा है।
–वृद्धावस्था एक बौखलाहट है।
–वह स्वयं त्रस्त तो होती ही है, अपने परिवेश को भी प्रताड़ित करती है।
–यहीं से संघर्ष को जन्म मिलता है। विचारों की आपाधापी मकड़ी के जाले–सी बुद्धि को घेरती है।
–सहज ही कहा जा सकता है कि बीसवीं सदी का यह अंतिम दशक वैचारिक संघर्ष का युग है।
–समूचे विश्व में वैचारिक क्रांति हो रही है और विचारों की लड़ाई में द्वंद्व, टकराहट और बौखलाहट उभर आयी है।

❑

–पृथ्वी बहुत बड़ी है तो बहुत छोटी भी है। इसे कबीलों में बांट लिया गया है। बंटवारा जब हो जाए तो शांति होनी चाहिए। अपने–अपने कबीलों के विकास की चिंता प्रगतिगामी शक्तियों को ऊर्जा देती है।

–हो रहा है सब-कुछ विपरीत। एक कबीला जब ताकतवर बन जाता है तो वह अपनी पिछली पहचान भूल जाता है और आक्रामक बनने लगता है।

–यहीं से विश्व शांति के स्वप्न ध्वस्त होते हैं और युद्धों तथा महायुद्धों के बीज पनपने लगते हैं।

–आश्चर्य होता है हमें!

–नरभक्षी होने के दिन व्यतीत हो गये, फिर ?

–वैचारिक संघर्ष या विचारों की लड़ाई उतनी खतरनाक नहीं है। खतरनाक वह तब होती है, जब बौद्धिक चर्चाएं अपने दायरे से हट जाती हैं।

–वाद-विवादों से मस्तिष्क को मिलने वाला पोषण रक्तपिपासु दृष्टि में बदल जाता है।

–तब वैचारिक क्रांति को जन्म नहीं मिलता, रक्त-क्रांति का आरंभ हो जाता है।

❑

–एक सदी व्यतीत हो रही है। सदियां आती-जाती रहती हैं, इतिहास हर क्षण उन्हें पकड़ता रहता है और क्षमादान नहीं करता।

–यह न हो, वैचारिक संघर्ष या वैचारिक क्रांति स्वस्थ विकास का माध्यम बने।

–गोलमेज परिषद् का आरंभ इसलिए नहीं होता कि वहीं हिंसा और अशांति की धमकी दी जाए।

–इसलिए विचारशील पुरुषों, कबीले के ठेकेदारों और शक्ति संपन्न ऊर्जा संपन्न व्यक्तित्व वैचारिक क्रांति मिलकर करो।

❑

–समवेत और सहज विवाद से बड़े-बड़े प्रश्न हल किये हुए हैं। वही करें हम और इस सदी के माथे पर कलंक का टीका न लगे, इसके लिए पूरी तरह सचेष्ट रहें।

अभिनंदन : तरल पुरुष का

मौसम!

—गिरगिट की तरह मौसम भी बदल गया है। कल आया था तो दीप्तमान था, आज पारे से पिघला हुआ है!

❑

—मौसमों का बदलते रहना जरूरी हो या न हो, कोई रोक नहीं सकता।

—हर मौसम की एक सत्ता होती है। सत्ताधारी मनुष्य एक बार सत्ता हथिया ले तो छोड़ता नहीं। उसे छुड़ाया जाता है—परिस्थितियां, समय, काल-चक्र और मजबूरियां।

—मौसम एकाधिकार सत्ता को अस्वीकार करता है। वह बांटकर खाने में विश्वास करता है। जब एक के हाथ सत्ता होती है, तो दूसरा अवरोध उत्पन्न नहीं करता।

—देदीप्यमान मौसम आग भी उगलने लगे, तो उसके सहयोगी हस्तक्षेप नहीं करेंगे। तरल-मौसम पृथ्वी को सागर में बदल दे, तो वह उसकी अपनी कार्य-प्रणाली है और शीत-मौसम भूमध्यरेखा को धवल-श्वेताच्छादित कर दे, तो वह उसका अधिकार है।

—मौसम से अधिक समझदार शासक कोई नहीं है। निरंकुश अधिकार संपन्नता के बावजूद वह अपने अधिकारों का उपयोग शालीनता और स्वभाव के अनुरूप करता है।

—कभी मौसम बिगड़ता भी है। बिगड़ता है तो रेसकोर्स के खुले छूटे हुए घोड़े की तरह सबको आड़े हाथों लेता है।

—मौसम सहनशील है, वह एक-दूसरे को, प्रकोपों को हंसता हुआ झेलता है। लेकिन जब कोई अपनी शक्ति का प्रदर्शन कर उसे चुनौती देता है, तब वह मौन नहीं रहता।

—चुनौती का अस्वीकार कायरता है। कोई भी मौसम कायर नहीं है।

❑

—आज सत्ता बदली है!

—यह परिवर्तन क्रांति नहीं है, निर्वाचन की प्रक्रिया भी नहीं, यह विभाजित कार्यों की धर्मशाला है।

—तरल मौसम इस भूचक की प्रक्रिया में हमारे पास आया तो हम उसका स्वागत करें।

—उसके संविधान में दो मूल तत्त्व महत्त्वपूर्ण हैं—पृथ्वी के गर्भ तक को तरल करना ताकि वह अंकुरों को जन्म दे सके और विश्व चेतनाहीन न हो जाए; दूसरा है मनुष्य के केंद्रव्यापी मस्तिष्क को संतुलन देना। दोनों कार्यों की अपनी विशिष्टता है। दैवी साम्राज्य में, जनश्रुति के आधार पर, यह कार्य ब्रह्मा करते आये हैं। मानवीय चेतना में पराक्रमी, प्रजापालक और अहं से दूर परदुःखकातर सम्राट करता है।

—यह मौसम सम्राट है।

—मौसम ने सम्राट होते हुए भी सृजनशीलता का परिचय दिया है।

❑

—काश! आदमी की संपूर्णता एकमयी सृजनशीलता में होती। होती तो वह मौसमों से परे होता और उसका व्याख्याता बनता।

—आदमी भ्रमित ज्यादा है। उसके भ्रमजाल पहले उसे शिकारी बनाते हैं, फिर वह मकड़ी का जाला बुनता है और अंततः उसी जाले के साथ पकड़ा जाता है।

—शांति-पाठ मनुष्यता का ढोंग है। शासकों की ज्ञान-रचना में वह सत्ता की सुरक्षा का नारा है।

—युद्ध, विश्वयुद्ध और खींचतान आखिर किस प्रतीक को परिभाषित करते हैं?

—साम्राज्य-लिप्सा और विस्तारवादी अवसरवादिता उनका सुकोमल सौजन्य नहीं है।

—आतंकवादी शक्तियां निर्दोष व्यक्तियों को ही तलाशती हैं।

—आतंक अपने-आपमें कायरता है।

—कायर व्यक्ति बलिष्ठता का सामना नहीं कर सकता।

—वह चोर की तरह छिपकर आता है और सांप की पूंछ-सा लिजलिजा होता है।

—कई देशों में शायद इसलिए सांप भोज्य पदार्थ हैं।

—सांप को दूध पिलाया जाता है। वह अपनी जीभ और मुख का प्रयोग करता है। आदमी जानता है, इससे उसकी पूंछ बलिष्ठ बनेगी और उसे कबाब की तरह खाया जा सकेगा।

—सांप का मुंह कुचल दिया जाता है, क्योंकि उसका वही अंग विधर्मी है।

—आतंकवादी के दोनों हाथ काट दिये जाएं, तो वह रास्ते का भिखारी बनेगा।

–आतंकवादी की जीभ काट दी जाए तो विस्तारभाव समाप्त होगा।

–आतंकवादी का सिर काट दिया जाए तो वह शल्य-चिकित्सक के पास नहीं जा सकता।

–युगों पहले किसी शल्य-चिकित्सक ने हाथी की सूंड का प्रत्यारोपण किया था। यह मानवता की रक्षा के लिए था।

–आज का विकसित कहा जाने वाला विज्ञान किसी गर्दन को न जोड़ सकता है और न प्रत्यारोपित कर सकता।

❑

–मौसम कभी दो चेहरे लेकर नहीं जीता।

–मनुष्य हमेशा दो चेहरों में जीता है।

–संभवतः इसलिए पराजित मनुष्य होता है, मौसम अजेय है।

–तरल मौसम का अभिनंदन होना चाहिए। उसका एक ही लक्ष्य है–अमृत का वितरण।

–आतंकवादी मनुष्य का चेहरा शरीर से अलग कर देना चाहिए। उसका एक ही लक्ष्य है : भय-विस्तार और निर्ममता।

❑

–मनुष्य अपने को बदल नहीं सकता। सदियां बीत गयीं, मौसमों का आना-जाना चलता रहा, मनुष्य ने उससे कुछ नहीं सीखा।

–मौसम से जीवनदायिनी महाशक्ति पाकर भी मनुष्य ने चेहरे बदलने की आदत नहीं छोड़ी।

–अब तक नहीं छोड़ी, तो आगे क्या छोड़ेगा, लेकिन जैसे हर मौसम एक-सा नहीं होता, हर आदमी भी एक-सा नहीं है।

–इसीलिए अब भी मानवता शेष है, महापुरुषों की युग यात्राएं हमारी पथ-प्रदर्शक हैं और हर विपदाओं के बावजूद अब भी पुरुष को विशेषण मिलता है, महापुरुष आपके लिए नहीं, दूसरों के लिए जीते हैं। वे तरल-मौसम की तरह सृजनशील होते हैं।

❑

–आइए, इस तरह महापुरुष का हम अभिनंदन करें, वही सभी विनष्टकारी महाशक्तियों को कुचल सकता है।

हे मेरे वसंत

बहुत सबेरे आकर आज
किसने दस्तक दी है मेरे द्वार पर!
कौन है वह
जो चुपचाप खेल रहा है मृगछौने-सा!
कल शीत की थिरकन
कंपा रही थी हमें,
दर्द को पीने वाले महासागर-मन की भांति
कौन समेट ले गया वह सब!

मेरे सामने के बाग की उजड़ी घास
एक रात में किस ओस-अमृत को पा गई!
वातानुकूलित
कमरे में अचानक उभर आये हों अंकुर
कुकुरमुत्तों के!
धवल-श्वेत छाता ताने
आकाशगंगा से उतरते हैं वे ज़मीन पर
अनंत युवा-केंद्रों में बेधड़क
निपटने के लिए!

गुलाब के पीले और काले फूल
लाल गेंदे के साथ
सोनजुही, बेला और चमेली
से मिलकर
सुगंध का सौदा कर रहे हैं!
रजनीगंधा गुच्छों में भरी है,

सूखे कैक्टस में भी
छोटे लाल फूल निकल आये हैं,
शीत को पराजित कर
महाविजेता कौन
उभरा है सम्राट की तरह!

आदमी ने अपनी सुनहरी देह
नीरस व्यक्ति की तरह
किस तरह ढंक ली थी!
बूढ़े पत्तों की कंपकंपी
उगते सूरज से पहले
क्षितिज में उभरने वाली
हल्की रक्त रेखाओं की तरह
नन्हें कोंपलों में बदल गयी है!

हम-सब
आ खड़े हैं एक मोड़ पर
जिंदगी जहां से करवट लेती है
आगे के दुर्गम रास्ते
जहां से आसान होते हैं,
अंधेरे के बीज यहीं सड़-गलकर
बिजली के खंभे की तरह
सीधा बढ़ने के लिए
अपनी प्रकाशमयी आंखें खोलते हैं!

स्वागत है तुम्हारा!
गिलहरी से उचाट भरते
कस्तूरी-गंध की मादकता से ओतप्रोत
सुनहरे भविष्य के संदेशवाहक-
मेरी सांसों से बारीक
हे मेरे-
वसंत!

परीक्षा

झूठ : एक त्रासदी

महासागरों के छोरों में जहां-तहां कुछ हुक लगे हुए हैं। उनके किनारे बंधे हैं। ये किनारे समूची धरती को घेरे हैं।

–यह आवरण एक जाल है।

–हो सकता है अलग जाति के मजबूत तारों का घेरा भी हो।

–जो हो, वह भयावह है। कभी कोई भी मछेरा उसे ऊपर खींचेगा और समूची धरती के लोग मछली की तरह तड़पते नजर आएंगे।

❑

–यह खिलवाड़ केवल धरती के साथ हो रहा है।

–धरती से महासागर कई गुने बड़े हैं, उन्हें छेड़ने का सामर्थ्य किसी में नहीं है। छेड़ना तो दूर रहा, पानी जैसे तरल द्रव्य को लोहे-जैसे ठोस पदार्थ को पराजित करने का माध्यम बनाया गया है।

–इनके पीछे बातें हैं शांति की!

–सामर्थ्यवान और शक्तिशाली देश सबसे अधिक शांति की बातें करते हैं; जबकि अशांति का महाजाल उनकी ही महिमा का प्रतिफल है।

❑

–एक लंबी परिधि पारकर लौटा हूं।

–प्रतिदिन प्रात: और सायं राम नाम की तरह शांतिपाठ संचार के अनेक माध्यमों से सुनने को मिले हैं।

–सोचता हूं; इतना सच है, आकांक्षा इतनी गहरी है तो यह शांति पाठ क्यों?

–एक चेहरे के भीतर दूसरा चेहरा मछुआरे का लगाने का अर्थ?

–एक-दूसरे को धोखा देना ही शायद मनुष्य-धर्म है।

–मित्रता के सूत्र बांधकर सिर काटने की आकांक्षा शायद मनुष्य जाति का जन्मजात गुण है।

–पुण्य के कार्यों को इसी परिधि में देखा जा सकता है।

–कबतूरों को चारा चुगाकर या तो अपने भीतरी अधर्म को मरहम लगाना है

अथवा उन्हीं कबूतरों को पकड़कर भक्ष्य का माध्यम समझना है।

–संबंध पानी की तरह हिलने लगे हैं।

–शाही कमरों में अकेले बंद मंत्रणाएं एक महान गुप्तचरी की संरचनाएं बनने लगी हैं।

–श्वेत वस्त्र पर जैसे कोई धब्बा लगा दे, संभवतः श्वेत कागजों पर वैसे ही हस्ताक्षर होने लगे हैं।

❑

–विवश हैं हम तब भी।

–मैत्री के मुखौटे भरे आयामों के सामने ताली बजाने के लिए बाध्य हैं।

–बाध्य हैं, यह जानते हुए भी कि यह सब छल-कपट हमारे ही विनाश के लिए हैं।

–हमारी नस्लें कुचलने की चेष्टा के पीछे यह ज्ञान-बोध नहीं है कि नयी नस्लों के बीज कहां मिलेंगे?

–कितना भी शक्तिशाली और बोधगम्य वह क्यों न हो, उसका प्रतिद्वंद्वी एकदम हीन नहीं हो सकता। वह हीन होता तो जाल बिछाकर या दाने चुगाकर पकड़ने की कल्पना न उपजती।

–षड़यंत्र अपने से शक्तिशाली या सम-शक्तिवान के लिए ही होते हैं।

–कमजोर के लिए षड़यंत्र की जरूरत कहां है?

–जो स्वयं झुका है, वह शरणागत है।

–शरणागत को तो हथेलियों की छाया चाहिए।

–दुविधा यहां भी है; व्याप्त भय और आतंक के आयाम हथेलियां उठाने में भी हिचकिचाते हैं।

❑

–चिंतनशील मनीषियों को पूर्वाभास होते रहे हैं। इसलिए उन्होंने सदियों पहले कहा था, धरती ऐसी नहीं रहेगी जैसी आज है।

–चिंतकों को आभास था कि उनके शोध विनाश के लिए प्रयुक्त होंगे।

–शल्य-क्रिया में मनोयोग से रत चिकित्सक यह जानता है कि स्वस्थ होते ही यही व्यक्ति हत्या कर सकता है।

–ज्ञात होते हुए भी अज्ञात बनने का उपक्रम विकास को गतिशील बनाये रखना है।

–मनुष्य चेतना के द्वार पर कभी प्रतिगामी नहीं रहा।

–वह जो नहीं रहा, आज कैसे हो सकता है!

—परिवेश और संस्कार कभी हमारे हाथ से नहीं छूटते।

—संस्कारों से उठना सभी के वश का नहीं है। जो जड़ संस्कारों के बीजों से नये फूलों की नस्ल उगाता है, उसी की अलग पहचान बनाती है। पानी में कमल की तरह हर फूल नहीं खिल सकता। तब...?

—...तब हमें दुविधा भरे छल-कपट की संस्कृति को झेलना ही पड़ेगा।

—सुबह-शाम बनावटी शांति पाठों को सुनकर क्षणिक मलहम लगाने का अभ्यास हमें करना होगा!

—दर्द जब उभरता है तो क्षणिक मलहम ही काम देता है।

—तार में फंसकर नये फटे हुए कपड़े को फेंकने के बजाय सीकर पहनना हमें सीखना होगा।

—भयावह दावानल के बीच स्वस्थ सांस के लिए सीमित कृत्रिम ओषजन-चक्र बनाने होंगे।

—बना लेंगे उन्हें भी; जब क्षमता है व्यापक वायुचक्र बनाने की।

—सतही अहिंसा के भीतर हिंसा का छद्मवेष हमारी सदी की त्रासदी है।

❑

—सदियों से अनेक त्रासदियां मनुष्य जाति ने झेली हैं। उसकी नस्ल तब भी बर्बाद नहीं हुई, यही आशावाद एक महान संबल है।

—आइए, होने वाले शांतिपाठों को हम भी, इसी आस्था के कारण, स्वर दें : ॐ शांतिः, शांतिः, शांतिः।

—स्वीकार कर लें पानी स्थिर रहेगा।

—मान लें कि पानी की चादर कभी नहीं हिलेगी।

—एक झूठ में रहने की प्रवंचना को हम भविष्य की त्रासदी की फसल मान लें तो सदा-व्याप्त भय से कुछ त्राण तो पा ही लेंगे।

नया वर्ष और प्रतीक्षा

—लीजिए एक वर्ष और बीत गया!

❑

—कब चुपके से आया था और कितने द्वारों को खटखटाता रहा, इसकी गिनती करते कि वह हाथ से पारे की तरह फिसल गया।

—फिसलकर वह एक फसल बो गया है। इस फसल के परिणामों से अभी हम अनभिज्ञ हैं, यह भी नहीं जानते कि धरती पर किसी जाति और नस्ल के बीज वह बो गया है।

—हम सबके कार्य स्वध्वनित रहे हैं और अपने-अपने रथ-चक्र पर निरंतर गतिशील थे; इसलिए परिणाम नितांत निजी होंगे।

—निजत्व एकांत संज्ञा है। संज्ञा अपने-आपमें अर्थहीन है, उसे व्याकरण के अन्य उपकरण अर्थवत्ता देते हैं।

—कहा जा सकता है कि एकांत सामूहिकता का समीकरण बन सकते हैं और एक का प्रतिफल समाज-व्यापी हो सकता है।

❑

—तो आइए, नये वर्ष के लिए कुछ आचरण-धर्म निर्धारित कर लें। यथार्थ तो यह है कि निर्धारित करना आसान है, चलना कठिन है, अत: यह निर्धारण मात्र हमारी आकांक्षा होगी; उसकी परिणति को हम नहीं आंक सकते।

—मूलत: प्रथम संयोजना है : स्व की पहचान; अपने-आपकी रक्षा और अपने शरीर को विकल होने से बचाना।

—अपने को जिज्ञासु बनाये रखना; उसके बिना सब खोखला है और बिना चमड़े की ढाल के खोखली ढोलक सार्थक स्वर नहीं निकाल सकती।

—जिज्ञासा के द्वार खुले होंगे, तभी ज्ञान-वायु प्रवेश करेगी और ज्ञान की परिपक्वता से सत्य उजागर होगा।

—सत्य कोरी संवदेना पर विश्वास नहीं करता।

एक कथा बार-बार पढ़ी, सुनी है : प्रेमिका के आग्रह पर एक प्रेमी ने अपनी

मां का सिर काट दिया और उसे दोनों हाथों में लेकर अपनी प्रेमिका के घर रवाना हुआ। रास्ते में उसका पैर किसी पत्थर से टकराया तो वह अपने को संभाल नहीं सका। मां का सिर जमीन पर था। वहीं से मां ने शांत किंतु दु:खी स्वर में कहा, "मेरे बेटे, संभलकर चलना चाहिए, तू गिर पड़ा है, तुझे चोट तो नहीं आयी?" संवेदना के धरातल पर मां की ममता के अटूट विश्वास का यह एक प्रतीक है, किंतु सत्य इसे स्वीकारता नहीं।

–सत्य का मोहभंग तो तभी हो गया, जब एक बेटे ने मां का सिर काट दिया। अब उस सिर की क्या परिणति होती है और हंता किस पाप से लांछित होता है, यह अन्य अनेक विधियों और विडंबनाओं पर आश्रित है।

–इससे एक परिणाम निकला कि निरंतर जिज्ञासु रहो, वह सत्य की प्रतिपादक बनी रहेगी और असत्य के कार्यों से दूर रखेगी।

–अभिमान और अहंकार कभी किसी का साथ नहीं देते, इसलिए इनसे असंपृक्त रहना दूसरी शर्त है।

–अहंकार से अज्ञान उपजता है।

–अभिमान से अज्ञान के पौधों का पोषण मिलता है और विषय के बीज जन्मते हैं।

–इसलिए अभिमानी व्यक्ति कभी संस्कारी नहीं हो सकता और संस्कार के बिना मनुष्यता भी नहीं आ सकती।

–अहंकार कला-भक्षी है; इसलिए अहंकारी व्यक्ति न तो कलाओं की सूक्ष्मदर्शिता को समझ सकता और न उसके रहस्यों को पहचान सकता।

–तीसरा बिंदु व्यवहार है : जैसा व्यवहार आप करेंगे, प्रतिफल भी वही होगा। व्यवहार के अनेक पक्ष हैं। कहीं दृढ़ होकर उसका सामना करना आवश्यक हो जाता है, तो अधिकांशत: अपनी आत्मसंस्कृति और स्वाध्याय से उसे समानधर्म बनाने के लिए श्रम करना होता है। इस श्रम की सफलता पर ही हमारी सार्थकता के महल खड़े होते हैं।

–बहुत सोचना, बहुत बातें करना और बहुत-सी योजनाएं बनाना, असफलता के मार्ग को सहज नहीं होने देते। इसलिए सीमित संकल्प पर्याप्त हैं। उसी के बाद अगले कदमों का निर्धारण अपने-आप होता है।

–ध्यान योग्य :

- निरंतर सजग और सावधान रहें।
- आत्मचिंतन के साथ-साथ परमार्थ जितना हो सके, करने में कमी न करें।
- स्वस्थ मन और उजागर मस्तिष्क चेतना के सजग द्वीप हैं, उन्हें ज्योतित रखें।

❍सारे कार्य निष्ठापूर्वक और अपनी अधिकतम क्षमताओं का उपयोग करते हुए करें।

❍स्वार्थ से दूर रहें और अपने मनोबल को ध्रुवतारे की तरह अनंत ऊंचाइयों में बनाये रखें।

❑

–नया वर्ष है, जो नया सवेरा भी है।

–व्यतीत ने गलतियां करायी होंगी, उसे इस दुस्साहस से रोकें।

–सूरज की नयी रोशनी ने हमारे द्वार खटखटाये हैं, सत्य ने हमारे शरीर का स्पर्श किया है और किसी नवजात शिशु की तरह प्रेम के स्वर हमारे कानों से टकराये हैं :

❍स्वागत करें।

❍अभिनंदन करें।

❍इन्हें अपने भीतर आत्मसात् करें।

❍सफलता हमारी प्रतीक्षा में है।

विदेह-पूजनीय

—मैं बहुत सोचता हूं, इसलिए शायद सोच नहीं सकता।

—भूलने की आदत मुझमें है। न भूलूं तो दर्द इतना तीव्रतम होगा कि वह मेरी मृत्यु होगी।

—आदमी श्रेष्ठतम प्राणी है क्योंकि वह भूलना जानता है।

—आदमी की अपनी विशिष्टता है क्योंकि वह अपनी पहचान बनाने के लिए संघर्षरत है।

—महत्त्वाकांक्षाओं का अपना परिसर है। वे तेजस्वी हो सकती हैं और उसी इकाई को धूल चाटने के लिए बाध्य भी कर सकती हैं।

—मौसम हमारे साथी हैं। उन्हें स्वीकारिए तो पारिवारिक बन जाएंगे, प्रश्न-चिह्न लगाएंगे तो संघर्ष होगा।

—संघर्ष के दोनों पहलू हैं—जय या पराजय। अपने को दोनों से समन्वित करने के लिए तत्पर हो जाइए तो प्रश्न-चिह्न नहीं रहेगा।

—आदमी आकाश है, लेकिन आकाश आदमी नहीं है। अर्थ स्पष्ट है:

—मौसम आते हैं और धमकाते हैं। उनका सामना करने की हिम्मत चाहिए, वे निर्बल सिद्ध होंगे।

—आदमी ने अपने इसी सम्यक् विवेक से मौसमों को वशीभूत किया है।

—वे आते हैं, जाते हैं, संभवतः उनकी नियति कीट-पंतगों-सी है।

—आदमी:

—आता, जाता नहीं, वह तो बस जाता है; अथवा अपने पदचिह्न छोड़ता है और इस प्रक्रिया में वह कभी जाता नहीं; वह जाकर भी आता है। वह अजर-अमर है, इसलिए पूजनीय है और मंदिरों, मस्जिदों, गुरुद्वारों, चर्चों और चौराहों में उसकी रोशनी उजागर है।

—हम क्या हैं?

—शायद कुछ भी नहीं!

—और सब-कुछ!

–यह कुछ भी नहीं और सब-कुछ का सिलसिला न होता तो एक कीड़े की तरह तिरोहित नहीं होता और दूसरा देवताओं की तरह पूजा भी नहीं जाता। देवता!

–देवता आकाश से उतरे धूमकेतु नहीं हैं। सच मानिए तो आकाश एक निर्जीव नियति है।

–उपलब्धि है–वसुंधरा!

–उपज है–वसुंधरा!

–सौंदर्य है–वसुंधरा!

–जीवन है–वसुंधरा!

–अक्षय-वट है–वसुंधरा!

–अर्थ हुआ कि देवता का जन्म वसुंधरा से होता है।

–धूपकाड़ी की तरह फिर उसकी सुगंध फैलती है।

–सुगंध यश है।

–सुगंध विवेकशील है।

–वह उभरती है तो कई आयामों में है, लेकिन उसकी स्थिरता का आयाम एक ही होता है।

–उस आयाम में जब सुगंध पहुंच जाती है तो एक मोहक तंत्र को जन्म देती है।

–यही जन्म है : देवता का!

–पूजनीय सभी होते हैं, यहां आकर वे सब ठहर जाते हैं और सबको छोड़कर एक नयी भूमि का नाम है–ऊर्ध्वासन!

–ऊर्ध्वासन की चरम संचेतना देवत्व है।

–यहीं एक साधारण व्यक्ति असाधारण बन जाता है।

–असाधारण को धारण करना हर किसी के लिए संभव नहीं है।

–असाधारण व्यक्ति एक साधारण परिवार में पनप नहीं सकता, इसलिए वह कालिदास, तुलसीदास और कबीर बनता है।

–साधारण बनने वालों की स्मृति की रेखाएं उसी तरह मिटा देती हैं, जैसे शिक्षक कृष्णवर्णी तख्ते से चाक मिट्टी में लिखे शब्दों या अक्षरों को मिटा देता है।

–असाधारण बनने के लिए किसी प्रक्रिया की आवश्यकता नहीं है, क्योंकि भीड़ से समझौता करने वाला आदमी असाधारण बन ही नहीं सकता।

–भीड़ : अनियंत्रित समुच्चयों का एक छतना है। तब भी वह मधुमक्खियों का छतना नहीं बन पाता। वे अनियंत्रित होते हुए भी एक नियंत्रण से प्रतिबद्ध हैं। प्रतिबद्ध!

—प्रतिबद्धता सफलता का श्रेय बिंदु है।

—इसलिए कि प्रतिबद्धता के मूलाधार हैं, विश्वास, प्रेम, सहयोग और सहवेति। एक भी जहां टूटता है प्रतिबद्धता भंग होती है।

—प्रतिबद्धता बनाये रखने के लिए सहयोग और सापेक्ष अपेक्षित है।

—इस प्रक्रिया में अनिष्ट कुछ भी नहीं है; क्योंकि प्रतिबद्धता का दूसरा अर्थ है आत्मीयता या उससे भी आगे एक-दूसरे में समाविष्ट होने की क्षमता!

—यह क्षमता जब उदित होगी, उत्कर्ष का उदय होगा।

—यह उत्कर्ष व्यक्ति का नहीं—समवेत होगा।

—समवेत उत्कर्ष सामाजिक होता है। वह एक अभियान है और अनभिज्ञों को स्वमार्गी बनाने का सबसे सक्षम संयंत्र है।

—युग शून्य है!

—युग को सार्थक बनाते हैं—उपक्रम!

—बलशाली उपक्रम एक युग को महाबली बना सकते हैं तो निर्बल उसे विध्वंस में झोंककर विनष्ट भी कर सकते हैं।

—युगों का निर्माण क्रियाशीलता से होता है।

—निष्क्रिय व्यक्ति जीवन-पर्यंत पश्चात्ताप की दावाग्नि में जलता है और क्रियाशील व्यक्ति दहकते हुए अंगारों पर जब अपने पैर रखता है तो वे ठंडे हो जाते हैं। ठंडे ही नहीं होते, उनमें याचना के स्वर भी उभरते हैं।

—अर्थ यह हुआ कि क्रियाशीलता ज्वलंत प्रमाण है प्राण-शक्ति का।

—निस्तेज व्यक्ति या शक्ति से किसी को भय नहीं होता।

—अभय बनने के लिए क्रियाशील होना चाहिए।

—क्रियाशीलता भी मार्गदर्शन चाहती है। सार्थकता के लिए कांच एक उदाहरण है—उसे तोड़कर चकनाचूर किया जा सकता है और उसकी मर्यादा के सामने अपनी सुछवि भी देखी जा सकती है।

—वस्तु एक है, प्रतिबिंब अनेक हैं। वैसे ही जैसे पथ एक है, पथिक अनेक हैं। वैसे ही जैसे दृष्टि एक है, दृष्टि-दोष के परिणाम अनेक हैं।

❑

—हम-सब फंसे हुए हैं या तो जाले में, मरुभूमि में या दलदल में! इनसे उभरने के लिए ही हमने मनुष्य जन्म पाया है।

—मनुष्य-जन्म ही संघर्षरत चेतना का प्रतीक है।

—संघर्ष गंतव्य का द्योतक है।

—संघर्ष के बिना न उपलब्धि है और न पहचान!

–जीवन की सार्थकता कीटाणुओं की तरह जीने और तिरोहित होने में नहीं है। सार्थकता है पहचान बनाने में। पहचान बनाने के लिए जितना भी संघर्ष करना पड़े, करना चाहिए; अन्यथा हम अपनी देह-धर्म की दीमक हैं।

–संघर्ष, हमारी नियति है!

–संघर्ष हमारी संभावना है।

–संघर्ष हमारी जीवन-अपेक्षा है।

–संघर्ष नियंता ही नहीं, जन्मदाता भी है।

–संघर्ष जिस दिन, जिस समय विनष्ट होगा, वही महाप्रलय है।

–सफलता के लिए संघर्ष आवश्यक ही नहीं, वह केंद्रबिंदु है। उसके बिना सब-कुछ व्यर्थ है।

❑

–मैंने कहा था न कि हम बहुत सोचते हैं, इसलिए सोच नहीं सकते।

–दुनियाभर के दर्शनों, सिद्धांतों और ज्ञान को हम चुनौती देते हैं : इसका उत्तर उनके पास है?

–उत्तर नहीं मिला इसलिए तो 'नेति-नेति' कहकर सब रुक गये!

❑

–उत्तर हमें भी नहीं चाहिए, हम कर्म में आस्था रखते हैं। क्रियाशीलता कभी व्यर्थ नहीं होती; वह कभी असफल नहीं होने देगी इसलिए सोच से आगे अपनी क्रियात्मकता को हम प्रेरित करें, सफलता हमारे चरण-चिह्नों को अपने पैमाने से नापेगी और हम अमरत्व की चरमसीमा में विदेह होकर भी संदेहों से अधिक पूजनीय बनेंगे।

चिंतन सत्य का

एक प्रश्नकर्त्ता :

–"क्यों जी रहे हैं हम–सब लोग? अगर स्वर्ग–नर्क नहीं है तो फिर इस दुःख के महासागर इस जीवन को क्यों न खत्म कर दें? और अगर स्वर्ग है तो भी क्यों न कर दें? पैसा, धर्म, कर्म, यश, त्याग, मृत्यु के बाद सब व्यर्थ है। फिर हम क्यों कमाते हैं? आप क्यों लिखते हैं? दुनिया क्यों पढ़ती है, आखिर क्यों?"

–एक सजग पाठक

❑

–प्रश्न आया है तो उत्तर देना ही होगा। इसमें मूल प्रश्न मात्र एक है–क्यों जी रहे हैं, हम–सब लोग?

–यही प्रश्न उठेगा, जीने का क्रम प्रतिगामी है, क्रम का मूल चेतनाधार क्या है?

–मूल केंद्र है जन्म!

–जन्म हमारी आकांक्षा नहीं रही, हो भी नहीं सकती। जन्मदाता कोई और है, आकृति किसी ने दी है, हमें चाहे–अनचाहे उसे स्वीकारना पड़ता है।

–स्वीकारने के बाद संघर्ष शुरू होते हैं : अपने को संभालने के लिए, स्वयं उभरी हुई इच्छाओं और आकांक्षाओं से जूझने के और प्राप्य को सार्थक बनाने के लिए।

–मार्ग दुर्गम है, संघर्षरत है, श्रम–साध्य है और अपेक्षा करता है हमसे सावधानी की।

–दुर्गम मार्ग को सहज साध्य बनाना एक संकल्प है। जन्म देना है आस्था को। सबल बनाना है विश्वास को।

–गहन परीक्षण के क्षण हैं : प्रतिपल परीक्षाओं से जूझना होता है और यह क्रम अनंतकाल तक चलता रहता है।

–इस यात्रा में अनेक परिदृश्य मिलते हैं–खुले हुए आकाश में स्वच्छंद विचरण, वन–बेलि के आनंद, सुखद क्षणों की चंदन–गंध अनुभूति, शरीर से स्वयं उभरे हुए पराक्रम का प्रदर्शन।

—दूसरे पक्ष भी हैं : पराजय, खीझ, अवमानना, निरीह होने की स्थिति, संकट के क्षण, स्वास्थ्य की चुनौती, मित्र-अमित्रों से संबंध और न जाने क्या-क्या?

—शरीर है तो श्रम है।

—शरीर है तो संघर्ष है।

—शरीर है तो चिंतन है, चेतना है।

—शरीर है तो प्यार है।

—शरीर है तो अपने चारों ओर उच्चतम आकांक्षाओं के प्रतीक के निर्माण की कल्पना है।

—सच पूछा जाए, तो शरीर ही सृष्टि है और विकसित आयामों की इच्छा है।

—यदि मनुष्य-जन्म नहीं होता तो इस सौंदर्य-लोक का निर्माण भी संभव नहीं था।

❑

—निर्माण की कल्पना करते ही प्रतिगामी शक्तियां भी उठ खड़ी होती हैं। वे नहीं चाहतीं कि हम विकसित हों।

—अंकुर फूटता है, तो उसे वहीं नष्ट करने के लिए कितने क्षण-जीवी पैदा नहीं हो जाते!

—विकास के मार्ग में ये दुर्गम चुनौतियां हैं।

—इनसे पलायन मनुष्यता नहीं है।

—यह पहचान आवश्यक है कि जन्म लेने के बाद ही विश्व का अस्तित्व-बोध है।

—अजन्मों के लिए क्या है?

—मनुष्य के रूप में यदि हमने जन्म लिया है, तो श्रेष्ठतम प्राणी होने का प्रमाण-पत्र भी मिला है।

—हमें अपार, अगाध शक्ति मिली है।

—एक आदमी का बल सारी दुनिया को चेतनामय कर सकता है, अथवा उसे मिट्टी में मिला सकता है।

—एक आदमी का ही नाम है राम, कृष्ण, ईसा या आइंस्टाइन।

—एक आदमी का ही नाम है; चंगेज या हिटलर।

—एक आदमी ही अतींद्रिय है, बुद्धि-चेतना का महाद्वार है, ज्ञान का अक्षय-वट है और स्वयं बुद्ध है।

—एक आदमी ही है : लुटेरा, हत्यारा, पागल, विक्षिप्त और रक्तपिपासु।

—यह अंतर क्यों?

–जन्मना अंतर तो नहीं था।
–अंतर कर्मणा है। यानी कार्य साध्य, असाध्य के संघर्ष से जूझते हुए अंततः परीक्षा की स्वर्ण-कसौटी तक पहुंचते हैं।

❑

–जीना आसान नहीं है।
–जीना आसान नहीं, क्योंकि यहां प्रति क्षण प्रतिद्वंद्विता से सामना होता है।
–कमजोर और अग्राही प्रतिद्वंद्विता से दूर भागता है।
–श्रेय का भागीदार बनने वाला उससे निपटाता है।
–इस संघर्ष में अनेक विपन्न स्थितियां आती हैं। कई बार हमारा दाहिना हाथ ही धोखा दे देता है।
–आयु-रेखा पर चलते हुए मित्र, अमित्र दोनों तरह लोग मिलते हैं। उनका स्वभाव समान नहीं होता, इसलिए कई बार कठिनाइयां उपजती हैं।
–कल का मित्र सबसे बड़ा शत्रु बन सकता है और शत्रु सबसे अच्छा मित्र हो सकता है।
–सच कहें तो 'हो सकता नहीं' होता ही है। यानी मनुष्य-संबंध किसी स्थिर संज्ञा के प्रतीक नहीं हैं।
–यहीं हमें अपनी बुद्धि को सजग रखना है। वही है जो परिवर्तन की भूमिका बनाती है, निर्णय के क्षण उत्पन्न करती है।

❑

–सोचिए जरा!
–अचानक भूकंप आ जाए, तूफान उठ खड़ा हो या ज्वालामुखी फूट पड़े तो?
–इसका उत्तर आपके पास नहीं है, हमारे पास भी नहीं है।
–ठीक यही स्थिति है, हमारे जन्म की।
–जन्म क्यों हुआ?
–अपने जन्म के लिए हम जिम्मेवार नहीं हैं।
–कठिनाई यह है कि जिम्मेवार हैं वे भी आगे चलकर हमें कांच के महल में बंद कर देते हैं।
–इसके बावजूद हम नष्ट नहीं होते।
–जितना संघर्ष करेंगे, मार्ग उतना ही प्रशस्त होगा।
–संघर्ष से बल मिलता है। बल पाते ही हमारे भीतर सौंदर्य-बोध जागृत होता है।
–हमारे अपने होने की पहचान बनती है!
–तब हवाई किले नहीं, हम महानगरों के निर्माण में लग जाते हैं।

—अपने पसीने को अपनी ही जीभ से चाटने में कितना मजा आता है!

—अपना रिसता हुआ रक्त हम स्वयं पीना चाहते हैं, ताकि हम रक्तहीन न हों।

—यह आत्मिक प्रक्रिया ही हमारे निर्माण का आयुध है।

—निरंतर चलते हुए अंततः हम महाविजेता बन सकते हैं; महाज्ञानी हो सकते हैं और पराजित शक्तियों के अधिष्ठाता बन सकते हैं।

—इस बनने की चरमसिद्धि है, कीड़े से अजगर बनना, मानव से महामानव बनना।

—महामानव ही अंततोगत्वा अमरत्व का ध्रुवतारा है।

—सोचिए तो, अनचाहे जन्में हम, फेंके हुए कूड़े के ढेर, कहां-से-कहां पहुंच गये।

—एक दिन हमने पाया, हम मनुष्य रह ही नहीं गये—हमें देवता बना दिया गया है।

—हम मंदिरों में पूजे जाने लगे हैं।

—हम चौराहों पर प्रेरणा के प्रतीक बनकर खड़े हैं।

—जीवित रहना शरीर का बने रहना ही नहीं है। शरीर तो था, अशरीर होकर भी हम अमरत्व के भागीदार हुए।

❑

—इतनी बड़ी सफलता केवल मनुष्य को मिलती है। दुनिया का कोई और प्राणी इसे नहीं पा सकता।

—तो?

—अपने शरीर को वरदान समझिए।

—अपने शरीर को पोर-पोर से प्यार कीजिए।

—अपने शरीर को अपना तो समझिए ही, यह भी मानकर चलिए कि हमारे श्रम उसे सार्वजनिक बना सकते हैं।

❑

—शरीर, शरीर-धर्म, कर्म, श्रद्धा, विश्वास और चेतना इन पर जितना भी लिखा जाए कम है। मूल रूप से ये सब हमारे अस्तित्व-बोध से जुड़े हुए हैं।

—हमारे पाठक मित्र के सभी उत्तर इस सत्य को समझने से मिल जाते हैं :

❍ हम जी रहे हैं एक बड़ी चुनौती का सामना करने के लिए; उत्तर देने के लिए अपने जन्मदाता को; उसे पीछे छोड़कर अमरत्व तक पहुंचने के लिए।

❍ स्वर्ग-नरक हैं या नहीं यह विचार भ्रमित मस्तिष्क की उपज है। हमारे कार्य और कार्यों के प्रतिफल ही निर्णायक केंद्र हैं।

❍ मृत्यु स्वाभाविक प्रक्रिया है, लेकिन उसकी कल्पना कर अकर्मी बन जाएं, तो जो दुष्फल मिलेंगे, उन्हें झेलना भी स्वयं होगा।

○हम क्यों लिखते हैं? लिखना सृजन-धर्म है। उत्तर पूछिए सृजनदात्री मां से वह क्यों बार-बार प्रसव वेदना झेलती है।

○यह महान पृथ्वी आनंद का आगार है। दु:ख अगले आनंद के उपभोग का साध्य बनते हैं।

○फिर स्वयं मृत्यु की आकांक्षा क्यों?

○स्वयं मृत्यु आत्महत्या है।

○हत्या अथवा आत्महत्या अज्ञान की उपज है।

○हम एक महान क्रीड़ा-क्षेत्र में अभिमन्यु की तरह दयनीय छोड़ दिये जाते हैं, हारा हुआ व्यक्ति मात्र एक कीट-पतंग की जिंदगी बन जाता है और पराक्रमी अजात, अज्ञेय, अपराजेय, अनंत अमर।

❑

–सोचना सभी जानते हैं।

–सोचिए तो सही ढंग से सोचिए।

–सोचिए तो सत्य को सोचिए, असत्य को नहीं।

महायात्रा

हे मन!

—मौन, सदा मौन!

—बाह्य परिप्रेक्ष्य में शांत!

—देखने में सहज : गति में हलचल!

—कौन है यह?

❑

—जो भी हो उससे सावधान! वह बांसुरी के स्वरों पर तैरता-सा दिखेगा। सारंगी से झूमता और वीणा से खेलता।

—मृग छौना है क्या वह?

—हर पल, हर क्षण चुपचाप स्वर पीकर वह रह नहीं सकता। कभी ढोल-चाहिए, तो कभी मांदर। तीव्र झंकृत वाद्यों की उत्पत्ति वैसे ही नहीं हुई!

—वास्तव में पहले तीव्र वाद्यों का उदय हुआ, जैसे पहले पीड़ा ने जन्म लिया।

—तीव्रता के कठोर हथौड़ों के झेलने के बाद तरल मन मद्धिम स्वरों की आकांक्षा करता है!

—पीड़ा की चरम परिणति ही सुख का समागम है?

❑

—मन शांत हो जाए तो वह आकांक्षाओं का मरण है! अशांत मन ही नये-नये दुर्गम मार्गों के बीच खोजी बनकर सहजता स्थापित करता है।

—मन में जो भी आये कह दें तो भारीपन से बच जाएंगे। बनावटी शांति भीतरी धोखा है और उससे गहन आघात का भय है।

—जिंदगी सहज मार्ग नहीं है : कभी पानी की तरह हिलेगी तो कभी आंधियों की तरह प्रचंड बनेगी। दोनों अंततः शांत होते हैं; शांति के लिए भीतरी अशांति का विमोचन कर दें तो शिकायत नहीं रहेगी—न अपने आपसे और न दूसरों से!

—व्यक्तित्व का निर्माण हथौड़े और पत्थरों की टकराहट और फिर उनसे उद्भूत एक तराशी हुई आकृति है।

–हथौड़े और पत्थरों में चोट नहीं होगी, आघात-प्रतिघात नहीं होंगे तो जिंदगी भटकी हुई अकेली आवाज हो जाएगी।

–अकेलापन हमारा सबसे बड़ा शत्रु है। वह दीमक की तरह भीतर-ही-भीतर हमें खोखला करता है। संभवत: इसलिए परिवार और समाज जैसी इकाई को जन्म मिला।

–अपने आचारों, विचारों में यदि इतने ही स्पष्ट हो जाएं तो भय नहीं रहेगा।

–भय हमेशा छिपने या छिपाने से होता है। एक खुली पुस्तक सार्वजनिक दस्तावेज है, ऐसे दस्तावेज का ही मूल्यांकन होता है, शोध होते हैं और व्यक्ति की चेतना और सफलता की सीढ़ी को नापा जाता है।

❑

–सदा बहार शांति सत्य नहीं है–तो सदा अशांत भी असत्य है।

–असत्य कोहरा है; कोहरा क्षणिक होता है। लेकिन आत्मघाती और परारक्ती उसी का लाभ उठाते हैं।

–जंगल में निर्भय घूमने वाले जानवरों पर हमलावर जब आघात लगाता है तो निर्दोष की हत्या होती है।

–शिकारियों को इसलिए चुपचाप जाने देना चाहिए और अपनी सुरक्षा के लिए महाबलि वन की उपत्यकाओं का सहारा लेना चाहिए।

–सब-कुछ इतना आसान भी नहीं है।

–सावधान!

–शिकारी शहरों में आ गये हैं!

–शिकारियों ने आदिम सभ्यता का वरण कर लिया है!

–शिकारी विकसित समाज में पहुंचकर भी पीठ दिखाकर उल्टे भागने लगे हैं।

–वे रक्त चाहते हैं।

–हत्या उनके लिए खेल बन गया है!

–हिरणों को वे मारते हैं, गिलहरियों की खाल खींचते हैं।

–उद्दंड कुत्तों की तरह पागल हैं वे।

–जुगाली करने की उन्हें आदत पड़ गयी है; जमे हुए रक्त को सुरक्षित रखकर चाटते रहते हैं और हड्डियों को तराशकर उनकी मालाएं बनाते हैं।

–चौंकिए नहीं, ये फिर भी आदमी हैं।

–बहुत शांत हैं वे! संयमी दिखते हैं। प्रेम और श्रद्धा उनका मुहावरा है। चेहरे पर दूसरा चेहरा लगाना उनका खेल है।

–खतरनाक मोड़ों से जाना और खतरनाक तथा खौफनाक स्थितियां पैदा करना उनकी सहज गति का एक अंग हो गया है।

❑

–तब?

– जंगल से गुजरते हुए तो कहा था, शिकारियों को गुजर जाने दो!

–शहर में जब वे तहलका मचाएं तब?

–सारी बौद्धिक चेतना, इतिहास के अध्याय, ग्रंथ-पुराणों की गाथाएं और ऐसे व्यतीत प्रसंगों को उजागर करना तब सार्थक हो जाता है।

–क्या करें, क्या न करें कहना कठिन है। वे ही समझदार हमारे माथे पर सिलवटें खिंच गयी हैं और वे गहरी होती जा रही हैं!

–निराश नहीं हूं मैं और न पराजित! जंगल के शिकारी यदि शहर में आ गये हैं तो निश्चय ही उन्होंने शहर को भी जंगल समझ लिया है।

–जंगल-तंत्र का अपना प्रावधान है। वहां भी समवेत और संगठनात्मक सुरक्षा की व्यवस्था है!

–शहर में उसे ही अध्यादेश के रूप में घोषित करना होगा!

❑

–और व्यक्ति को?

–अकेले व्यक्ति से सावधान! उसकी शांति न तो महाबोधि वृक्ष है और न बांसुरी के स्वर! वे उसके भीतरी प्रत्याघात और घात लगाकर कभी भी हमले का प्रत्यक्ष प्रमाण है।

–इनसे सावधान!

–जंगल के बहशियों से शहरों की सभ्यता की अपेक्षा व्यर्थ है।

–सामर्थ्य जुटाना है; व्यर्थ को अव्यर्थ करने की और व्यक्ति को पहचानकर अपनी खुली किताब को समृद्ध करने की।

कभी संपूर्ण न होंगे

❍समय परिवर्तित हो रहा है। परिवर्तन के इस क्रम में अनेक मान्यताओं पर प्रश्नचिह्न उभर रहे हैं!

❍प्रश्न आये कहां से?

❑

–प्रश्नों का स्रोत अज्ञात होता है। वे अचानक उभरते हैं, जैसे पहली बरसात के साथ सहसा मेंढक जमीन के ऊपर आ जाते हैं। तापमान का शीतल तत्त्व थोड़ा भी समाप्त हुआ कि स्वच्छतम कोनों में राई के गोल दानों की तरह कुछ बिखरा हुआ नजर आता है। इन्हें साफ कर दीजिए, दूर फेंक दीजिए, उनके भीतर की जीवंतता को नहीं मिटाया जा सकता है।

–यही दाने हर स्थिति में तिलचट्टे बनकर सामने होंगे; आपको बेकाबू और असहाय और अचंभे में छोड़ते हुए इधर-उधर चहल-कदमी करते नजर आएंगे।

–तिलचट्टे न हों, असंभव है।

–तिलचट्टे हमारी संस्कृति के अंग बन गये हैं।

–संस्कृति के स्रोत का एक क्रम देखिए : गुरु ने दीक्षा दी और दीक्षित शिष्य से उसका अंगूठा ही मांग लिया। शिष्य ने अंगूठा काटकर दे दिया।

–इसी क्षण 'अंगूठे की संस्कृति' को जन्म मिला।

❑

–सदियों पहले यह हुआ था, प्रतिफल हम आज भी भोग रहे हैं।

–घटना नितांत सीधी और सरल हो सकती है, लेकिन उसने निरंतरता की मजबूत रेखा बना ली है और अंगूठे की संस्कृति के बीच बेबस होकर हमें जीवित रहना होता है।

–मनुष्य चेतना और धर्म सृजन की मांग करते हैं।

–सृजन न हो तो मूल रूढ़-संज्ञा नष्ट हो जाएगी और धर्म के पौधे में अधर्म की कोंपलें निकल आएंगी।

–प्रकृति के इस सत्य को सुरक्षित रखने के लिए अनेक कठिन मार्गों का

अनुसरण करना हमारी जीवन-यात्रा का आवश्यक अंग है।

–इस यात्रा में दर्द है, छटपटाहट है, संदेह और भेद हैं, विभाजक शक्तियों कि तिलचट्टे के अंडों की तरह बिखरे हुए अंधेरे कोने, कीचड़ भरे रास्ते और स्वच्छ अग्नि-भंडार हमारे रसोईघर भी हैं।

–इस दर्द को हम अपनी नियति मानकर झेलते हैं और आशा के धागों में महाशून्य में उसी तरह तैरते हैं, जैसे मकड़ी तैरती है।

–मकड़ी त्रिशंकु है।

–हम मकड़ी के अनुगामी हैं।

–यानी हमारे और मकड़ी के बीच एक ही संज्ञा है : त्रिशंकु।

–त्रिशंकु कौन बनना पसंद करेगा, लेकिन बनना, न बनना हमारे हाथ है?

–दर्द से उभरना है तो चेतना का मार्ग पकड़ना होगा, वही जीवन देगा।

❑

–मोह हमारा दूसरा घातक गुरु है।

–मोह ने भी हमारे जन्म लेते ही हमारे भीतर अपनी प्राणवत्ता प्राप्त की है।

–अंतिम सांस तक हम मोह और भोग से अलग नहीं हो पाते।

–मोह में सांत्वना देने वाली शांति है।

–भोग में आनंद है।

–आनंद यद्यपि हमारा सहज-स्वाभाविक श्रेय है तथापि वह सहज-सुलभ नहीं है।

–संघर्ष के बाद पसीने भरी थकान का रुकना जितना संतोष देता है, दर्द की अंतिम सीमा उसी तरह आनंद है।

–आनंद प्राप्ति के लिए दर्द और संघर्ष जरूरी है, यह अभीष्ट सत्य हुआ।

–यह भी सत्य बना कि सफलता पाने के लिए विफलताओं की अग्नि-परीक्षा से गुजरना होता है।

❑

–जिंदगी एक महायात्रा है।

–पहली किलकारी के साथ वह संघर्ष के लिए छोड़ देती है।

–रक्त वनौषधियों की तरह हमारे भीतर नहीं पनपता। वह खाद्य और पाचन-क्रिया के प्रयोग मांगता है।

–इस संरचना की पूर्ति के साथ ही जीवन के व्यायाम आरंभ हो जाते हैं।

–अधिकांश अंतिम क्षण तक वह करते रहते हैं जो उनका अभीष्ट अप्राप्त होता है। वे निरंतर लाक्षागृह में घूमते रहते हैं और कई बार कांच से धोखा खाकर मिट जाते हैं।

–कुछ होते हैं अर्द्ध शती। यानी आधा पाया, आधा गंवाया।

–एकाध कोई होता है मंजिलों के काफिलों का अग्रदूत। वह विषधर से सागर मंथन करता है, उसी के फन पर बैठकर महासागर के ऊपर उभरता है।

–यह जीवन का सुखदतम क्षण है।

❑

–काश! यह क्षण ठहर जाए।

–कुछ पल हमें अनुभव का अवसर दे।

–कुछ बातें उसमें हम कर सकें।

–कुछ पा सकें।

–पा सकें इसलिए कि दूसरे को दे सकें।

–लेकिन...नहीं, यही हमारा आत्मीयतम तत्त्व भक्षक बनकर उभरता है। लगता है उसे इसी क्षण की प्रतीक्षा थी। इसी के लिए वह घात लगाये था।

–आगे आकर वह अपने श्रम का मूल्य मांगता है।

–सभ्य भाषा में इसे गुरुदक्षिणा कहते हैं।

–गुरुदक्षिणा ने ही अंगूठा मांगने की संस्कृति को जन्म दिया है।

–हम अंगूठे की संस्कृति से नहीं उभर सकते।

–शायद समूचा विश्व नहीं उभर सकता, इसलिए संघर्ष और वर्ग चेतना बनी रहेगी।

–भेद की दीवारें कभी नहीं टूटेंगी।

–एक फसल को फलता-फूलता रेगिस्तान नहीं देख सकेगा।

–युद्ध से मुक्ति नहीं है।

–व्यक्ति कभी अंतिम सत्य नहीं बन सकता, क्योंकि सफलता के द्वार में प्रवेश करते ही हमारी संस्कृति का रहस्यमय प्रतीक सामने होता है और वह सफलता के वृक्ष की जड़ अंगूठे को मांग लेता है।

❑

–जीते रहेंगे हम इसी तरह कभी संपूर्ण न होने के लिए।

महाशक्ति

—एक कथा है!

—चारों ओर भयावह दृश्य था। अपने हाथ अपने को ही काट रहे थे। पानी की जगह रक्त पीने की आकांक्षा अचानक कई तत्त्वों में उभरने लगी थी। रहीम ने खड़े होकर सबको समझाने का बीड़ा उठाया। उसने अल्लाह से प्रार्थना की, ईश्वर का जाप किया और सबकी सद्‌बुद्धि तथा सद्‌गति की मांग की। रहीम के साथ रामसुख ने भी वही किया। समय बीतता गया। आंधी और तूफान का एक झंझावात समाप्त हुआ। पहचान दोनों को नहीं थी—न रहीम को, न रामसुख को। कभी कोई चीज समाप्त नहीं होती। अंततः दोनों ने वैराग्य ले लिया। ❑

—कथा स्पष्ट है : वैराग्य लेने से शांति मिल सकती है?

—वैराग्य जीवन से पलायन है।

—वैराग्य समस्याओं से पराजय है।

—समस्याओं को जहां पराजित करना था, वैराग्य लेकर उन्हीं दलित-गलित शक्तियों की शरण-स्थली में अपने को पहुंचा दिया उन्होंने।

—जीवन का उदय एक संघर्ष का आह्वान है।

—जीवन का दौड़ना और भागना क्रियाशीलता और क्षमताओं को परखने देने का अवसर है।

—कसौटी पर ही सोने की परख होती है। तूफानों के बीच अपने को संयत रखने में ही व्यक्तित्व उभरता है।

—अकारण ढकेलनेवाली ताकतों से सामना करने वाला ही विजेता बनता है।

—कुल मिलाकर एक ही निष्कर्ष निकलता है : संघर्ष ही विकास का सबसे आसान रास्ता है।

—महाबलि अध्येताओं और कालजयी पुरुषों ने अनेक संघर्ष झेले हैं। उसी के बाद वे शाश्वत सत्य की अनश्वरता के प्रतीक बने हैं।

—ऐसे संघर्षशील व्यक्ति समय की शिला पर एक मूर्ति रूप में उभरकर अभय का वरदान देते हैं।

–मनुष्य यहीं देवत्व को पाता है और सबके सिर अपने-आप उसके सामने झुक जाते हैं।

–कालजयी के सामने झुकना अपनी पराजय का निष्क्रमण नहीं है, बल्कि उसे शक्ति का एक अंश पा लेना है।

❑

–प्रकाश का पर्व है यह।

–सत्य और शक्ति के प्रतीक एक महामानव की अगवानी की बेला है।

–उससे कुछ शक्ति संचयन कर लेने का अवसर है।

–दीपक जलाकर प्रकाश किसलिए करते हैं हम? किसके लिए करते हैं हम?

–प्रकाश आस्था का प्रतीक है।

–प्रकाश करके हम अपनी आस्थाओं को बल देते हैं। हम अपने ही अंधकार को मिटाने का संकल्प लेते हैं अत: प्रकाश किसी की अगवानी का बहाना हो सकता है, हम दीपक जलाकर स्वयं को सार्थक बनाना चाहते हैं।

–सार्थक इसलिए कि समय की शिला और कसौटी पर हम खरे उतरें और नश्वरता के ऊपर अपने चरण चिह्न खड़े कर कालजयी बन जाएं।

–स्वागत करें अंधकार भरी रात का। एक चुनौती देने के लिए वह आती है। उस चुनौती का सामना कर लेंगे तो हर चुनौती को झेल सकने की क्षमता का हममें उदय होगा।

–जीवन आखिर में संघर्ष-सत्य है और परीक्षा के हर क्षणों से उसे उलझना होता है।

–यहीं व्यतीत को भूलकर वर्तमान के आश्रम में भविष्य की आधार-शिला रखी जाती है।

–समय का सीमेंट उसे मजबूत बनाता है। हमारी दृढ़ इच्छाएं सीमेंट पर निरंतर जल बरसाती हैं। जितना पानी मिलेगा, सीमेंट उतना ही दृढ़ होगा।

–जितनी दृढ़ आधार-शिला होगी, भवन उतना ही विशाल होगा।

❑

–अंधकार का यह पर्व सनातनता का बोध है।

–हमारी महान सांस्कृतिक विरासत में यही क्रियाशीलता रही है कि उसने निरंतर हमें अवसर दिये हैं, कुछ पाने के।

–प्रत्येक पर्व पाने का अवसर है, क्योंकि उसके साथ इतिहास के शक्तिशाली पृष्ठ जुड़े हुए हैं।

–महाबलि व्यतीत ने जब कहीं किसी को कुछ दिया है तो वर्तमान ने उसकी अभ्यर्थना की है और भविष्य को चुनौती दी कि इस वर्तमान को अस्थिर नहीं कर सकते समय के टूटे हुए पंख।

❑

–आंख दौड़ाएं तो?

–पूछा किसी ने, "आंख दौड़ती है?"

–उत्तर मिला, "समझ नहीं टूटी तो सत्य बना रहेगा–आंख ही दौड़ती है। वह समूचे शरीर की पथ-प्रदर्शक है।"

–नेत्रहीन की दौड़ व्यर्थ की बांहों का सहारा लेकर खोखली चीख का उद्‌गार है।

–नेत्रहीन का अर्थ यहां सामान्य अर्थ-बोध से नहीं है। देखनेवाली आंखें भी नेत्रहीन हो सकती हैं।

–आंखें मात्र दरवाजा हैं। द्वार हैं वे जो भीतर की दृष्टि को सामने रखती हैं।

–इसलिए कहा गया है : आत्म-प्रकाश के भागीदार बनो।

–प्रकाश भीतर है, जैसे बल्बों से उभरने वाली रोशनी का केंद्र बल्ब से बहुत दूर है।

–बल्ब मात्र प्रकाश-केंद्र का पथचारी है।

–हमारी आंखें इसी प्रक्रिया से गुजरती हैं। तब भी उनका महत्त्व शेष है, जैसे बल्ब का तब भी महत्त्व शेष है, क्योंकि वह फ्यूज हो जाए, तो उसे बदलना तो पड़ता ही है।

–एक अजीब बात हुई न? एक मात्र पथचारी है, लेकिन वह भटक जाए तो उसे वापस लाना होता है।

–शक्तिशाली केंद्रीय क्षमता के बावजूद उसकी भूमिका कहीं-न-कहीं है।

–अंधकार में यही भूमिका एक छोटे-से दीपक की होती है।

–सत्य की सार्थकता में निष्कपट होना एक अहम तत्त्व है।

–आपसी रिश्तों में सौदेबाजी नहीं होती। रिश्ते स्वयं दोनों भूमिकाओं को निभाते हैं–खरीद और खरीददार की।

–अतः प्रकाश, सत्य और रिश्ते एक ही तुला में तौले जा सकते हैं। उनकी मूल-संवेदना समान है।

❑

–तो आइए, इस छोटी-सी समझ को अपनी मुट्ठियों में कैद कर लें।

–घनीभूत अंधकार में नन्हा-सा दीपक जलाकर हम आह्वान करें कि जो गलती रहीम और रामसुख ने की है, हम उसे न दोहराएं।

–छोटी-सी शक्ति महाशक्ति बनती है। परमाणु से ही अणु का निर्माण होता है, अतः अपनी महाशक्ति के सामने भी लघु शक्तियों को साथ लेते चलें।

–इसी भाईचारे की तलाश है हमें आज और हमेशा रहेगी युग-युगों तक।

आने-जाने का क्रम

–बीत रहा है हर क्षण!

–क्षण, फिर क्षणों को व्यापक आयाम, दिन, महीने, और वर्ष–सब बीत रहे हैं। हम निश्चिंत हैं या अटूट परेशानी से ग्रस्त।

❑

–सिलसिला नया नहीं है। निरंतर चल रहा है यह और शायद चलता रहेगा। हमारे न रहने तक।

–नदी, पर्वतों, घाटियों खेतों–खलिहानों या लबालब शोर से भरी शहरी सड़कों में यदि कुछ देखने को मिलता है तो वह है–प्रवाह!

–गतिशील वेग के साथ कहीं पानी बहता है, कहीं हवाएं तो कहीं आदमी।

–पानी, हवाओं और आदमी के बीच एक साझेदारी है। तीनों की प्रतिक्रियाएं समान हैं। ये कभी एक स्थिति या एक भाषा में स्थिर नहीं रहते। कभी शांत तो कभी अमर्यादित तूफान से आतंकित।

–कहा जा सकता है, सहज प्रकृति के नियम की साझेदारी में हवा और पानी के साथ आदमी की भूमिका भी समान है।

–इस भूमिका की समझ के बाद रास्ते आसान हो जाते हैं।

–समय चलता रहेगा, आएगा और जाएगा; हमें निश्चिंत अपना कर्तव्य करते रहना चाहिए।

–काम करना है तो भयरहित करना सम्यक् ज्ञान है। उठाया गया कोई भी कदम व्यर्थ नहीं होता। कोई भी काम इसी तरह बेकार नहीं जाता।

–काम की भी एक भाषा होती है।

–काम में स्वर रचना है।

–काम में स्थिर गति है।

–इनकी उपस्थिति उपेक्षा का प्रतिदान नहीं बन सकती।

–हाथ पर हाथ धरे बैठे रहें तो भाषा, स्वर और गति में स्थिरता आ सकती है।

–स्थिर व्यक्ति या स्थितियां प्रगति की मांग नहीं कर सकतीं।

–विकसित आयामों में दृष्टि डालें तो स्पष्ट हो जाएगा कि निरंतर काम चेतना ही उनके श्रेय का भागीदार बनी है।

❑

–क्या हुआ है हमें?

–अनुभव होता है कि एक व्यापक मंथर गति अथवा गतिहीनता के शिकार होते जा रहे हैं। इनसे हमारे विकास के क्रम रुक रहे हैं।

–यह स्थिति एक व्यक्ति में है तो समाज और राष्ट्र में भी। सभी समानधर्मा बनते जाएंगे तो समय उन्हें रौंदता हुआ केवल शिकायत करने के लिए छोड़ जाएगा।

–शिकायत करना सबसे आसान है, जैसे अनर्गल शब्दों में अभिव्यक्ति करना, बड़बड़ाना और अपने निकम्मेपन को क्रियाशीलता का मिथ्याभ्रम समझ लेना।

❑

–कुछ दिन हुए हमने सारे घर की सफाई की थी, हर कोने और दरवाजे भी नहीं छोड़े। कुछ दिन ही बीते होंगे कि एक कोने में कुछ दृष्टिगत हुआ। पास जाकर देखा एक बड़ा कीड़ा छटपटा रहा था। अधर में लटका वह अपनी अस्तित्व–रक्षा के लिए प्रबलतम संघर्षतम था। क्या हुआ! इतने साफ कोने में यह हवा में कैसे लटका है? बारीकी से देखा तो सब सहज और स्पष्ट हो गया। एक मकड़ी ने फिर अपना बसेरा बना लिया था। कल तक की सफाई पर मकड़ी ने आज पानी फेर दिया।

कहां है वह? बहुत देखना पड़ा, तब उसके अस्तित्व का पता चला। वह दूर बैठकर अपनी लार छोड़ती है। लार जाले में बदल जाती है। जाला शिकारी का काम करता है। मकड़ी निरंतर लार छोड़ती रहती है और अपने शिकार को जाले में लपेटती जाती है। एक क्षण आता है, वह निष्क्रिय और शून्य हो जाता है और तब मकड़ी का भक्ष्य बन जाता है। भक्षण से पूर्व जीवन के प्रति उसकी संघर्ष चेतना देखकर मन कांप उठता है।

–उठकर हमने उसे बचा तो लिया उस दिन। बाद में पता लगा, वह कीड़ा भी कम जहरीला नहीं था।

–सफाई का काम एक ओर पूरा हुआ नहीं कि जहरीले कीड़े अपनी अनवरत तलाश यात्रा में उसे गंदा करने पहुंच जाते हैं।

–हम कहते हैं न कि वे हमारे कोने गंदे कर रहे हैं।

–मनुष्य चेतना को महान की भ्रामक संज्ञाओं से अवगत कर देखिए, कोने में तुरंत हमसे अधिक क्रियाशील तत्त्व दृष्टिगोचर होंगे। यही संजीवनी है, जो उन्हें जीवित रखे हैं।

❑

–हमारे भीतर ऐसी ही संजीवनी की जरूरत है। हम निष्क्रिय न होने पाएं, इसके लिए सदा सचेत रहें।

–काम इसलिए न करें कि हमें काम करना है, बल्कि इसलिए करें कि सक्रियता हमारा साथ नहीं छोड़ेगी।

–बहुत संघर्षमय है हमारा अस्तित्व।

–हर पल, हर क्षण वह सचेत ही नहीं करता, चुनौतियों की भाषा में आदमकद उपस्थित होता है।

–केवल हमारी शक्ति और सामर्थ्य उसका सामना कर सकते हैं।

–दोनों काम करने से आएंगे और जंग लगने से हमें बचाएंगे।

– निरंतर जो बीत रहा है, बीतने दें हम उसे बिना पछतावा के साथ और इस आस्था के साथ भी कि हर व्यक्ति को हमने अपनी सांसों में पीकर ओषजन वायु का रूप दिया है।

–स्वागत है आगंतुक!

–नमस्कार हे व्यतीत!

–हम आस्थावान हैं, इस तरह आने-जाने से हमारे श्रम साधनों को बल ही मिलेगा। हम पहले से अधिक मजबूत होंगे।

विनम्रता

रक्त-पात्र

—पकड़ो! पकड़ो!

आवाजें!

—एक भागता हुआ आदमी, उसे पकड़ने के लिए पीछे दौड़ते हुए लोग!

—एक आदमी क्या इतना बलिष्ठ है कि कोई उसे पकड़ नहीं सकता!

—पकड़ा तो जाएगा ही, लेकिन...!

—संदेह क्यों है कि वह बलिष्ठ है!

❑

—जो ठहर गया है उसे पकड़ना सरल है!

—गतिवान को पकड़ना आसान नहीं है, ठीक वैसे ही जैसे जो भी वस्तु जल्दी चटक जाती है वह आसानी से पिघल भी सकती है।

—अच्छा तो यह है कि जिसे पकड़ना है, उसे गतिशीलता के पहले ही पकड़ लो। अव्यवस्था होने से पहले ही व्यवस्था का निर्माण करना जरूरी है।

—एक पौधा निकलता है, वह सामर्थ्यहीन है! भविष्य दृष्टा नहीं हैं हम तो वह वटवृक्ष बन जाएगा। यदि उसे नन्हेपन में ही पकड़ लिया जाए और उस पर जलता हुआ अंगार रख दिया जाए तो भविष्य के भय से बचाव हो जाएगा।

—इसे ही तो आत्मरक्षा कहते हैं।

—जो सजग नहीं है, आत्मरक्षा के उपाय नहीं ढूंढ़ता, वह अंततः पराजित और ध्वस्त होता है।

—हम इसी सीमा पर आ खड़े हैं! अनदेखा किया हमने कि एक कोने में मकड़ी जाला बुन रही है; अनदेखा किया हमने कि दीवार के किनारे बिच्छुओं के बच्चों ने जन्म ले लिया है; अनदेखा किया हमने कि अंडे जिन्हें हम रोज देखते थे, वे सांप के हैं!

—दृष्टिहीनता स्वयं ही शक्तिहीनता है। वह जय और पराजय के बीच की कड़ी नहीं है, बल्कि मात्र पराजय का बीज है। इस स्थिति में सार्थक स्वास्थ्य की परियोजना पहले ही बना लेनी चाहिए।

—नहीं हुआ तो?

❑

—तो पछताना नहीं है!

—होने के पहले कुछ भी पछतावा नहीं है। हो जाने के बाद शक्ति का अस्तित्व ही समाप्त हो जाता है। इसी के बीच सजग और सचेत की संज्ञा है। पहचान कर सके जो वही संभाव्य परिस्थितियों पर विजय पा सकता है।

❑

—यथार्थ तो यह है कि मनुष्य जन्म से कोमल और निर्मल होता है। मृत्यु के समय वह कड़ा हो जाता है।

—जो भी जीवित है वह कोमल है, जो भी मृतक है वह कड़ा है—चाहे पेड़-पौधा हो या मनुष्य।

—इसी से कठोर वृक्ष नष्ट होता है। कठोर व्यक्ति उद्दंड होकर मृत्यु के द्वार पर पहुंचता है और कठोर शस्त्र अंततः टूटकर व्यर्थ हो जाता है।

—कोमल और सरल सहज है, कठोर केवल धरती का मोहताज है।

—सहज होना चाहिए हमें, सरल भी।

—महानता सहज व्यक्ति की पहचान है।

—सहजता नहीं है जिसमें, उसे कुर्सी नहीं मिलती, कठोर शस्त्र देकर सुरक्षा के लिए खड़ा कर दिया जाता है उसे। सुरक्षा भी कितने समय करेगा वह। विनम्रता असुरक्षा नहीं है। विनम्रता एक दृढ़ संज्ञा है और वह आसानी से सभी पर विजय पा सकती है।

❑

—सक्रिय होंगे तो शक्तिशाली होंगे। हमारी पकड़ के बाहर कुछ भी नहीं है।

—एक मूलमंत्र किसी ने दिया था :

जो जानता है, बोलता नहीं
जो बोलता है, जानता नहीं
जो निष्कपट है, दिखावा नहीं करता
दिखावा करता है, वह निष्कपट नहीं
अच्छा है जो, झगड़ता नहीं
झगड़ता है जो, अच्छा नहीं है
जानता है जो, खिलवाड़ नहीं करता
खिलवाड़ करता है, वह जानता नहीं
ज्ञानी है जो या जादूगर नहीं है, न नटी है
नटी है जो या जादूगर, ज्ञानी नहीं है

–मूलमंत्रों की शृंखला हो सकती है, क्षमता परिपालन में होना जरूरी है।

❑

–'पकड़ो', 'पकड़ो' के नारे लगाकर अपनी कमजोरी का एहसास नहीं कराइए।

–पकड़ लीजिए उसे फिर बताइए।

–अकेला वह रक्त से खेलता है, हम मात्र रक्त का रंग दिखा दें उसे तो घबरा जाएगा वह!

–रक्त एक है इसकी पहचान उसे भी है!

–तो आइए, कई रक्त-पात्र तैयार कर लें हम; उन्हें रख दें सुरक्षा कोष्ट मानकर द्वारपाल की तरह झुक जाएंगे सब, शांति भी होगी शायद!...

–कर सकते हैं इतना भी?

इस सदी की त्रासदी

–'इस सदी की सबसे बड़ी त्रासदी क्या है?' जिज्ञासा एक पाठक की है।

❑

–समय अनंत होता है, वह खुला वातायन है, अंतरिक्ष है या फिर एक महाशून्य।

–इसे मान लें तो समय को किसी परिधि में नहीं बांधा जा सकता। जो कल सामान्य था, वह आज है, कल भी हो सकता है। निरंतरता ही समय की गति है।

–समय एक जलधारा है, जिसके प्रवाह को कोई रोक नहीं सकता। बाह्य अवरोध होंगे तो जल धरती की परतों से नीचे जाएगा, किंतु बहता रहेगा।

–बहना पानी का धर्म है। प्रवाह उसकी गति है।

–जल की अस्मिता ही इस पर निर्भर है कि वह अवरोधहीन है। इतना नहीं, मिट्टी से मिलकर भी वह निर्मल बना रहता है।

–तथ्यत: सदी समय है, समय जलधारा है, यही उसकी गतिशीलता और क्रमिकता है। इसी में उसकी शक्ति निहित है।

–तब कहा जा सकता है कि (समय की नहीं) त्रासदी क्या है?

❑

–त्रासदी बया का घोंसला है।

–पहले सीमित होकर देखें : व्यक्ति निष्पक्ष हो ही नहीं सकता। पक्षपात उसमें कहीं–न–कहीं होगा ही, जाने या अनजाने।

–पक्षपात को समर्थ मार्ग मिले, तो वह उच्च आदर्शों का प्रतीक होगा, अन्यथा अपयश का भागीदार बनेगा।

–अपयश असफलता है और असफल होना भी एक अंकुश है, अशुभ है।

–महाविपदाओं का उदय असफलता के मूल चिंतन से आरंभ होता है।

–चिंतन का केंद्र शरीर है। अशरीरी शक्ति व्याधियों और चिंताओं से परे है।

–शरीर होगा तो कष्ट होगा ही। कष्ट से मुक्ति के लिए शरीर की मुक्ति जरूरी

है। शरीर की मुक्ति के बाद सोच कहां रह जाता है।

—सोच नहीं होगा तो त्रासदी की चिंता किसे है।

❑

—लेकिन नहीं बात हम करते हैं उसमें जो शरीरी है। शरीर-मुक्त को हम मधुमक्खी के छतने के किसी एक कोने में स्मरण के लिए छोड़ देते हैं। मधुमक्खियां अपना धर्म निर्वाह करेंगी—पोषण या शोषण। अधिक अपेक्षा शोषण की है।

—मधुमक्खियां समय को पहचानती हैं, यदि वे पराग से रस बनाना जानती हैं तो रस को स्वयं पी भी लेती हैं, और अपने छतने को उजड़े भुतहा मकान की तरह छोड़ देती हैं।

—मधुमक्खियां अपना जीवनदान कर विश्व को रस प्रदान करती हैं जो मनुष्य की जिंदगी को चलाने में सहायक होता है। वही मधुमक्खियां आक्रोश में हमलावार हो जाएं तो जीवन ले सकती हैं।

—मधुमक्खियों की तरह चीटियों की भी एक जाति है, जो मानव-शरीर के रंध्रों से भीतर प्रवेश कर सारा खून पी जाती हैं और महाकाय मनुष्य प्राणहीन हो जाता है।

—एक चींटी वह भी है जो हाथी जैसे महाविशाल जानवर के लिए प्राणदायी जहर है।

—जीवन संघर्ष के लिए हमें इन-सबकी पहचान करनी होगी, क्योंकि व्याघात के लिए तेज हथियार ही मात्र साधन नहीं हैं, कोई नन्हा-सा जीव या नन्हा-सा क्षण पर्याप्त है।

❑

—त्रासदी की चिंता करने के लिए पहले अपने अस्तित्व की चिंता इसलिए प्रथम धर्म है।

—प्रथम पुरुष ने प्रथम धर्म को पहचाना था और सहजता के लिए एको अहम् से दूसरे की खोज शुरू की थी।

—दूसरी खोज ने ही सृष्टि को सार्थकता दी है।

—यह मात्र पलायन है और अपने-आपको भ्रम में पाले रखना है।

—एकाकी होकर हम बहुआयामी बन जाते हैं, अकेले रह नहीं पाते, समग्र भीड़ से घिरे होते हैं जो हमारी मानसिक चेतना में महायुद्ध की सृष्टि कर देती है।

—अकेले होंगे तो मानसिक महाभारत से जूझना होगा और चीर हरण की कथा झेलनी होगी।

—मनुष्य धर्म के वह विपरीत है, इसलिए समग्र इकाइयों के साथ जन-चेतना और कोलाहल के बीच रहकर संघर्ष करते रहना ही श्रेयस्कर है।

—तभी यादों की चिताएं जलेंगी और उसी से महाकाव्यों की रचना होगी।

–अपने दर्द को हम पहले पहचानेंगे और उसी के सहारे बेदर्दों के सामने जाएंगे। पता चलेगा कोई मिला कि नहीं।

–इसलिए दर्द के बीच मुस्कानें उभरती हैं और टूटे हुए दीपक से भी दीया जलता है।

–यह दीया प्रेम-कथा का प्रारूप है।

–प्रेम जिंदगी के पोर-पोर में समाया होता है, वह अनंत है। प्रेम जीवन-ज्योति है। टूटने की स्थिति में भी वह कहीं से उभरता है और जीवन-दान देता है।

–टूटने की पराकाष्ठा यदि चरमसीमा पर पहुंच जाए तो वह युद्ध की स्थिति होती है। युद्ध में जय और पराजय दोनों समान हैं।

–पराजित अवस्था में एक क्षण के लिए जैसे पानी की परत हल्की-सी हिलती है और आदमी आत्महत्या कर लेता है।

–वह मात्र क्षण है, एक पतला महीन धागा; थोड़ा-सा संभाल मिले छिपा हुआ प्रेम अपने-आप कर्तव्यनिष्ठ हो जाएगा।

❑

–जिंदगी एक बीहड़-पथ है। सतर्कता हर क्षण सार्थकता है। थोड़ा भी पग हिला नहीं कि अनंत अथाह घाटियों में फिसलना निश्चित है।

–इसे रोकना धर्म है; क्योंकि हमने अवतार लिया है तो गंगा बनने की आकांक्षा होनी चाहिए।

–इतनी बड़ी आकांक्षा होगी तब कहीं हम पर्वत की कगार से गिरती लघु धारा बन पाएंगे।

–उतना भी बन गये तो हमारी अवधारणा सार्थक होगी। हम अवतारी बने रहेंगे और अपने कर्तव्यों से कभी अस्तित्वहीन नहीं होंगे।

–जिएंगे हम लोगों की यादों में, पत्थरों की शिलाओं में, गुफाओं के चित्रांकन में या फिर कागज के पृष्ठों में। जहां भी रहेंगे, रहेंगे तो अजेय, अपराजेय, अमिट, अनश्वर, शाश्वत।

–आकांक्षा यही होती : शरीर की सीमा बाधक नहीं हो सकती। अशरीरी रहकर भी मजे में जिया जा सकता है।

❑

–इतनी महान प्राण-चेतना और अवधारणा के साथ यदि हमने अवतरण लिया है तो इस क्या किसी भी सदी की त्रासदी का, सोच क्यों?

–अविश्वास, वितृष्णा, अनास्था, प्रतिरोध, रक्तपिपासा के बावजूद हम अजेय हैं।

–इस सदी की सबसे बड़ी त्रासदी यही है कि हम अपनी ही पहचान से दूर हैं।

मनुष्य भगवान

–सत्य से दूर भागा जा सकता है?

❑

–सत्य मिथक नहीं है, सत्य भ्रम भी नहीं है, सत्य का कोई सहायक नहीं, कोई सहभागी नहीं।

–सत्य महाबली काल की क्रूर दृष्टि से भी खेलता है।

–सत्य भय नहीं है, इसलिए सहज कहा जा सकता है कि उसे किसी का आश्रय नहीं चाहिए।

–सत्य व्याख्या के परे है!

❑

–कथा प्रचीन है, आज की भी हो सकती है : सहज योग के नाम पर वह सही मार्ग की खोज में था। घर से निकल पड़ा और बीहड़ वनों में खो गया। वन शांति और सौंदर्य के शिवालय थे। कुछ दिन वह आनंद का सहज भोग करता रहा। अचानक अकेलेपन से आसन्न वह त्रस्त हो उठा। वन प्रांगण बीहड़ मार्ग से आच्छादित था। उसे एक बहेलिया मिला, जो पक्षियों का शिकार करता था। उसने बहेलियों को रोका, "तुम इन निरीह पक्षियों को क्यों मारते हो?" बहेलिये ने आंखें दिखायीं, फिर...।

"इसलिए नहीं पूछ रहा," उसने कहा।

"मुझे इन निरीह प्राणियों पर दया आती है। जिन्हें पकड़ा है वे अकेले हो गये, जिन्हें मारा है...!"

"मृत्यु से मुक्ति है?" बहेलिये न उत्तर दिया। "बुद्ध ने वर्षों के बाद इसे समझा था। रही अकेलेपन की बात, मैं तुमसे ही पूछूं?"

चकित! क्या पूछेगा यह!

बहेलिया चुप नहीं रहा, "शहर छोड़कर इस जंगल में क्या कर रहे हो?"

"हां, उत्तर दे सकता हूं।" उसने कहा।

"सहज योग की तलाश, उसी से सही मार्ग मिलेगा।"
"कहां लिखा है यह?" बहेलिया अनपढ़ था, प्रश्न अर्थवत्ता लिये था।
"तुम नहीं समझ सकते?" उसने कहा।
"हां" बहेलिये ने उत्तर दिया, "कठिनाई तो यही है—हम एक-दूसरे को नहीं समझते। व्यतीत के अनुभवों का लाभ हम नहीं उठाते। दोहराते हैं उन्हीं शब्दों, अर्थों को नये मूल्यों की खोज में। परास्त वहीं लौट जाते हैं या स्वयंभू सिद्धि की उद्घोषणा करते हैं! सहज योग क्या है?"
बहेलिया वहां से चल दिया। खुले निरभ्र आकाश के नीचे एकाकी उसने चारों ओर देखा। जोर से आवाजें लगायीं। सभी प्रतिध्वनियां बनकर उसी के पास लौट आयीं।
❑
—सहज योग का रास्ता पलायन नहीं है।
—सहज योग की अंतिम परिणति सहज आनंद में है।
—आनंद मधुमक्खी का छतना है या पानी भरे मेघों का घनत्व! अपने-आपको रोकने की क्षमता दोनों में नहीं है।
—आनंद इसलिए एक ऐसी निरापद अनुभूति है; जिसकी संचेतना के केंद्र व्यापक हैं, व्यापक ही नहीं हमारे भीतर हैं!
—हमारे भीतर है, जो उसी की खोज हम बाहर कर रहे हैं!
—कभी पूछा था किसी ने 'क्या खोजता है रे! वह तो तेरे भीतर है।'
—हां, हमारे भीतर ही सब-कुछ है।
—समस्त वायुमंडल हमारे भीतर है।
—सुख और दुख दोनों के उपादान हमारे भीतर हैं।
—अनुभूति है एक, पहचानते हम नहीं उसे; अनुभूति की भवभूति है।
—अनुभूति के क्षणों में ही सृजन के समीकरण बनते हैं।
—जीवन से लेकर बौद्धिकता तक के क्रियाकोश अनुभूति के परिणाम हैं।
—अनुभूति हो जाए तो परम सत्य मिल जाता है।
—अनुभूति की चरम-अवस्था में शब्द ब्रह्म हो जाते हैं और हम सामान्य से विशिष्टता के प्रतीक बन जाते हैं!
—अनुभूति की अंतिम चेतना ही सत्य है और सत्य ही सहज योग है।
—सहज योग के लिए अकेलेपन की आवश्यकता नहीं है, न भटकने की, न जमीन खोदकर छिलके उतारने की, न वायुवेग की।
—सत्य से उद्भूत सहज योग में पंचतत्त्वों का समावेश उसका गुणत्व है। वह होगा ही!

❑

–बहका दिया है हमें हवाओं ने, शब्दों ने, वाक्यों और अर्थों ने। परिणाम होता है भटकन।

–भटकता हुआ व्यक्ति न तो गंतव्य को जानता है और न किसी लक्ष्य पर पहुंच सकता है।

–उसका संबल असत्य है; धर्म की लक्ष्मण रेखा से वह परे होता है।

–धर्म समझता ही नहीं, समझता है तो यही कि अंधविश्वास ने जो दिया है, उसका अनुशीलन होता रहे।

–वह स्व-मार्गी नहीं होता, बने-बनाये रास्तों पर पागलों की तरह बुद्धिहीन चलता है।

–वास्तविकता यह है कि धर्म अपने-आप में कोई अस्तित्वबोध नहीं है।

–धर्म सत्य का एक नन्हा-सा स्वरूप है। उसका एक लघु कण है।

–हम समझ नहीं पाते, इसलिए कुछ भी सुनकर भयभीत हो जाते हैं।

–सत्य भयभीत तो नहीं करता लेकिन सत्य की उपेक्षा अपने-आप में भय है, ठीक उसी तरह जैसे प्रकाशहीनता में अंधकार।

–कई बार सत्य अत्यंत कटु होता है।

–सहज व्यक्ति वह है, जो नीम की तरह उस कटुता का भी स्वाद ले।

–रक्त निर्मल होगा, संस्कार बदलेंगे और सत्य का 'पैंडोरा बॉक्स' श्वेत सुगंधित पुष्पों में बदल जाएगा।

–भयहीन व्यक्ति ही जीवन जी सकता है और अंतिम लक्ष्य तक पहुंच सकता है।

❑

–सत्य से कोई दूर नहीं भाग सकता। सत्ता की अदृश्य सत्ता समूचे वातायन को घेरे है। इसलिए सत्य से भागने की उपेक्षा उसकी उपासना श्रेय है। उसकी शुभकामनाएं सामान्य जीवन को उच्च स्तर तक पहुंचाकर अनश्वरता का सृजन करेंगी।

–सत्य की इसी सीमा में मनुष्य भगवान बन गया है।

पुनर्जन्म

—देखो तो!

—कालजयी अजदहा उठ खड़ा हुआ है!

❑

—प्रलय होते आये हैं, होते रहेंगे। इनसे विश्व-चेतना पराजित नहीं हो सकती और न अस्तित्व का संकट है।

—अस्तित्व का संकट तो महाप्रलय के बाद भी नहीं रहा। जो घटना था घट गया। उसके बाद फिर क्रम चला और स्वच्छ समाज को जन्म मिला।

—भय इसलिए नहीं है। भय है धरती में दबे हुए उस अजदहे के अचानक उभर आने से, जो प्रकृति क्रम में नष्ट घोषित कर दिया था।

—घोषित नष्ट फिर जीवन लेने लगे, तो धरती से बातें करनी होंगी। ऐसा न हो कि धरती हमसे ही बातें करने लगे और हमें प्रश्नों के घेरों में छोड़ दे।

—असीम शक्ति है, असीम संपदा, असीम वैभव धरती में, तो आक्रोश भी असीम है।

—धरती का आक्रोश महाप्रलयकारी लावा के फूटकर बहने से पता चलता है। ज्वालामुखी के रूप में धरती हल्की-सी करवट लेती है और शायद ऊंघते हुए मुख का हल्का-सा हिस्सा खोलती है; बस इतने में ही हाहाकार!

—स्थितप्रज्ञ वह एक तंद्रा में सोती है, हिलती है जरा-सी, भूकंप में ध्वस्त हो जाती है मानवी-संरचना।

—धरती के असीम गर्भ में सैकड़ों वर्षों पहले अजदहा (ड्रेगन) दफना दिया गया था।

—अजदहा वही था, जिसने तबाही मचा दी थी। निश्चिंत हो गये हम, जब घोषित किया गया कि अब वह पुरातत्त्व का भी विषय नहीं रहा!

—लेकिन...

—हुआ क्या? चुपके-से उभरकर सीधी गर्दन ताने वह फिर खड़ा हो रहा है!

–असंभव सार्थक होगा, तो परिभाषाएं बदलनी होंगी।
–मृतक जीवित होंगे तो उन्हें मनुष्येतर संज्ञा देनी पड़ेगी।
–अजदहा अब पूर्व घोषित रूप में स्वीकार्य नहीं हो सकता, तो उसका नामकरण करना जरूरी होगा।
–कह सकते हैं, लाक्षागृह से प्रकट होती आत्माओं के प्रतिबिंब–'जीवक-प्रेत'।
–जन्म ले लिया है 'जीवक-प्रेत' ने।

❑

–हाहाकार
–गहमा-गहमी
–व्यवस्था समूचा भक्षण
–केंचुए के रूप में मनुष्य देह में प्रवेश
–उड़नेवाले हरे सर्प का जन्म
–अजगरों के बामी छोड़ना और शहर की सपाट सड़कों पर निर्भय भटकना
–मगरमच्छ का विपरीत आचरण : जल-संस्थान नहीं रहा, रेत भी घर हो सकता है
–चींटे और चींटियों का बदल जाना बिच्छू का रूप धारण!
–क्या नहीं? सब-कुछ हो रहा है, हो सकता है!
–ये सब अचानक अवतरित हुए हैं, मनुष्यता को संकटग्रस्त कर उसे चुनौती देने के लिए!

❑

–हम-सब अजगर की बांहों में पिसते जा रहे हैं!
–सुनते क्या हैं?
–उद्यानों के फव्वारों में रक्त संचरण
–तीर्थ-यात्राओं का भुट्टों की तरह गोलियों से भूंजा जाना
–एकता की लौह जंजीर में जंग
–जंग से टिटनस रोग का उदय
–जोड़कर श्रम से जो कुछ बनाया था निर्ममता से उन्हीं का उच्छेदन
–प्रबल इकाइयों का टूटना और नये संदर्भों की प्रतिष्ठा!
–सौंदर्यमय इस विशाल 'हिम-महल' का निर्माण हमने इसलिए तो नहीं किया था?
–नहीं सोचा था कि 'हिम-महल' के प्रकोष्ठों को सजाने के पहले ही उसमें मनुष्यभक्षी दीमक का उदय हो जाएगा!

❑

–एक महर्षि ने उद्घोष किया था : "स्वर्ग तुमसे परे नहीं है?"

पूछा था, "फिर स्वर्ग और नर्क की कल्पना क्यों?"

उत्तर था, "तुम स्वर्ग में रहते हो, नहीं रहते, जो वे अपने लोक को कोई नाम तो देंगे ही; नर्क कह दिया उसे!"

फिर पूछा था, "महाप्रभो! नर्क में सभी कुछ क्रूर है...?"

"नहीं" महर्षि ने बताया था। "मैं नर्क में रहता हूं, भ्रमणार्थ स्वर्ग में आता हूं।"

"आश्चर्य है महर्षि! आप और नर्क में!"

"मेरे लिए वही सुखकर है! सुख और दुःख समझ की संज्ञाएं हैं! नर्क के सुख को देखना चाहते हो, तो मेरे साथ चलो...भयभीत होने से क्या होगा? जाना ही पड़ा कभी तो?"

"मैं भयातुर हो उठा हूं, अभी से शिराओं में दर्द उभर आया है!"

"मात्र नर्क का नाम सुनकर?" महर्षि ने कहा, "मुझे नहीं देखते कितना सुखी हूं मैं? जब चाहता हूं विचरण करने यहां चला आता हूं, फिर वापस पहुंच जाता हूं। जीवित था तो जीवनभर मैं गुरुओं, आचार्यों और समाज में समादृत लेकिन पाखंडियों की सेवा करता रहा, गिड़गिड़ाता रहा, अपने पुण्य का एक टुकड़ा तो दे दो! नहीं...उनको मर्मातक चोट पहुंचती थी पर सुख उनका दर्द था। स्वर्ग में वही तो होंगे। फिर उन्हीं के सामने भिखारियों की तरह जाऊं और उनके भक्षण का पात्र बनूं। मैं नेतृत्व चाहता हूं और वह मुझे नर्क में मिल गया है।...धरती को देखने आया था, वह जनमदात्री मेरी मां है; मां को देखते रहना चाहिए।"

"फिर?" आंखें फटी हुईं महर्षि के चरणों में नतमस्तक!

"हां, मेरे चरण पकड़ो, चूमो उन्हें, धरती की मिट्टी चाटकर, मेरे पैरों को निर्मल करो, मैं तुरंत अपने गृह-धाम नर्क में जाऊंगा। तुम स्वर्ग की माला जपते रहो, आओगे मेरे पास तब...?"

–वह महर्षि से बहुत कुछ जानना चाहता था। जिज्ञासु हो गया था वह। महर्षि गिद्ध की तरह उड़ गये। उड़ते हुए पंख से उन्होंने 'हिम-महल' को हिलाया, दूसरे से अचानक घोर-गर्जना हुई और–'जीवक प्रेत' का उदय हुआ।

❑

–सहमे हुए हम अब पूछते हैं, "महर्षि से मिले ही क्यों थे?"

–हमारी आत्मा से स्वच्छ कुछ भी नहीं है। स्वर्ग हमारी आत्मा का एक बिंदु मात्र है। यह बिंदु कर्तव्यों से घटता और बढ़ता है।

–फसल जो बोओगे, वही तो काटोगे। आत्मा का खेत खाद्य से भरा है, बीज बोने

का निर्णय उसने अपने पास नहीं रखा!

–तो क्या हम अपनी बोयी फसल ही काट रहे हैं?

–उसी बीज से अजदहा पैदा हो गया? केंचुए अजगर बन गये!

–तब खुलकर आदमी, आदमी का खून कर रहा है?

–'हिम-महल' को तोड़ने, बांटने और दरार पैदा करने में नये उदित 'जीवक-प्रेत' का सहारा लिया जा रहा है।

–यह खेल विश्वासातीत हो रहा है, लेकिन हमें चिंता तो अपनी 'मां' की है!

–हमारी 'मां' धीरे-धीरे कैंसर ग्रसित हो रही है। उसमें घाव पैदा हो गये हैं, परंतु चिकित्सा-जगत की भाषा में अभी वह 'मलैंगनेंट' नहीं है। नहीं है, यह निश्चिंतता की बात नहीं, वह कभी भी हो सकती है, इस विराट भय से उसका इलाज जरूरी नहीं, हमारा जीवक-धर्म है।

❑

–महासागर और रेगिस्तान भी धर्महीन नहीं हैं।

–हमने धर्म छोड़ दिया, तो उसी तरह गल जाएंगे, जैसे जोंक नमक पड़ते ही गलने लगती है!

–अस्तित्व की लड़ाई है यह! हमेशा रही है, लेकिन अब महाभारत की स्थिति है और दूसरी ओर कौरवों की सेना नहीं अजदहा का पूरा परिवार खड़ा है, जो उद्घोषणा करता है कि पुनर्जन्म मिला है हमें, सार्थक करेंगे उसे!

–आप सार्थक होने देंगे?

उर्वरा चेतना

—मुझ पर शक्तिपात हो गया!

❑

—एक समग्र ज्योतिर्पुंज ने मुझे आवृत्त कर लिया। शरीर के भीतर ज्वार-सा उठा और मैंने अनुभव किया, महाप्रलय की तेजस्विता का। ब्राह्य चेतना सहज थी। कुछ भी अनुमान लगाना कठिन था।

—महाशक्ति के सामने मैं खड़ा था। उसने कहा, "मेरे मालिक की ओर देखो!"

—अपलक मैंने अपनी आंखें उस मस्तिष्क पर लगा दीं।

—शायद एक-डेढ़ मिनट हुआ होगा।

—"जाओ!" मधुर स्वर थे! मैं पीछे हटा लेकिन मेरा आंतरिक जगत मेरा ही विद्रोही हो गया था।

❑

—स्तब्ध, शांत और एकांत...नहीं, नहीं था। न वह विशाल नदी का किनारा, सूखी रेत, खुला आसमान, साफ चमकता सूरज; कुछ भी नहीं था। शाम होने लगी थी, मैं वहां से लौट आया।

—आदमियों की भीड़ में खो गया!

—शाम की गिलहरियों ने मुझे रोमांचित करना शुरू कर दिया।

—क्रमशः सभी कुछ सहज बनता गया।

—सहज स्थितियां बनती हैं, बाह्य-जगत बनता है, अंतर की सृष्टि एकदम असहज थी।

❑

—पवन का झोंका आया था, चला गया!

—हमारे जीवन में बहुत कुछ आता, जाता रहता है, हम वहीं रहते हैं। अनुभव के क्षण अचानक आंतरिक शिराओं तक समाहित हो जाते हैं। कोई द्रव्य-सा उठता है शायद और चीनी की चाशनी की तरह मधुरता से आकंठ भरकर घुल जाता है। शेष रहती हैं स्वाद की अनुभूतियां।

—यही अनुभूतियां सार्थक तत्त्व हैं।

–ऐसी अनुभूति के बाद घोषित किया था कभी किसी ने, "मैं महाबोध हूं।"

–ज्ञान किरन से तृप्त मैं सूर्य रज हूं!

–अज्ञान के अंधकार से उदित मैं आकाशगंगा का अक्षय प्रकाश हूं।

–मैं न बल हूं, न सबल हूं; निर्बल तब भी नहीं। महाशक्ति और महाज्योति का अक्षय आगार हूं मैं!

–एक क्षण आता है, जब सारे प्रश्न निरुत्तरित हो जाते हैं।

–'हां भी' और 'नहीं भी' का बोध हिलता हुआ जल बन जाता है।

–कर्त्ता नहीं होते हम, कारण बन जाते हैं।

❑

–मैं कारण बन गया हूं!

–मैं बना हूं तो और बन सकते हैं!...सभी बन सकते हैं।

–आग्रह की सीढ़ियाँ जहां-जहां होंगी, हमारा भार हलका होता जाएगा।

–यह सब तेजस्व का प्रतिफल है, एक कण-ज्योति है जो गेंद की तरह घेरे और खाने बने हुए टेबल पर घूमती है।

–गेंद स्थिर नहीं है; जहां-जहां जाती है प्रकाश का उद्‌भव होता है।

–हर क्षण हम प्रकाशित होते रहते हैं शायद, इसलिए अपने को अलग पाते हैं। पाते क्या हैं, हमारी पहचान दूसरों की दृष्टि में विशेष हो जाती है।

–सहज से विशेष होने की प्रक्रिया आंतरिक भूचाल के बाद ही उर्वरता है।

–यह उर्वरता कैसे मिली, कैसे मिल सकती है; आइए देखें इसे!

❑

–दीपों के आलेख कोरे पड़े होते हैं तब तक, जब तक कोई प्रकाश किरण न छू जाए।

–प्रकाश किरण की हलकी छुअन समूचे अंधकार को प्रकाश में बदल देती है।

–एक मद्धम स्पर्श महाज्योति बन जाता है।

–महाज्योति विभाजित ज्योतिकण होकर जुगनू का स्थिर स्वरूप रख लेती है।

–यहीं तक तो पहुंचना है हमें!

❑

–क्रियाएं कितनी विकीर्ण होती हैं!

–हमारे अवयव ही एक इकाई पैर है, वह भी उठता। उठता है तो उठता ही रहता है। चलता है तो चलता ही रहता है। उसकी गति निर्दिष्ट होनी चाहिए।

–पग-गति का संचालन कौन करता है?

–अभी तक कुछ नहीं कहा जा सकता–पग दृष्टि स्वयं आत्मशक्ति है अथवा प्रेरित क्रिया है।

–आत्मशक्ति हो या प्रेरित प्रेरणा का रश्मि–रूप उसे लेना होता है।
–इस स्वरूप के सहारे एक स्थिर गंतव्य तक पहुंच जाइए; बस...! बस...उसके बाद अपने को हलका छोड़ दीजिए।
–आलोक के प्रकोष्ठ में पहुंच गये हैं आप!
–आलोक प्रकोष्ठ में पहुंचने के बाद सब–कुछ हाथ से छूट जाता है। आकांक्षाओं और इच्छाओं का आकाश पवनगामी वेगों और आवेगों से समर्थ कार्यरत हो जाता है।
–सफलता कितनी दूर है तब?

❑

–परिभाषित मत कीजिए सफलता को, वह दृश्य नहीं है, प्रतिफलित है। जो प्रतिफलित होगी वह स्वयं सामने आ जाएगी।
–आलोक होगा तो अंधकार भागेगा ही।
–चेतना–शक्ति जागृति होगी तो अंकुर अपने–आप फटेंगे।
–एक किरण से किरणें बनती हैं, किरणों से किरणजाल।
–किरणजाल को ही प्रकाश की असीम चादर कहा गया है। जहां वह बिछी हो, वहां अंधेरा कैसे रहेगा?

❑

–तो आइए, लीजिए इस ज्ञान को–लौकिक दृष्टि से किरणजाल की चादर बिछ गयी है और उसने अंधेरे को पी लिया है।
–इस प्रकाश से किसने, कितना–कुछ ग्रहण किया है? इस प्रश्न का उत्तर ही व्यक्ति की अपनी स्थिति है? वही उसका व्यक्तित्व है।
–व्यक्तित्व जैसा होगा, पहचान भी वैसी ही होगी।
–इस निर्णय के लिए मैं यहीं छोड़ रहा हूं आपको। आत्मविश्लेषण से कुछ भी श्रेष्ठ नहीं है।
–मैं हूं कहां? आपके साथ?
–नहीं, अब नहीं!
–कभी आपके साथ था।
–मुझ पर शक्तिपात हुआ है?
–शक्तिपात के पश्चात् कौन कहां है, स्वयं नहीं जानता!

❑

–मेरी पहचान आपकी दृष्टियों में है।
–बदलती दृष्टियां इंद्रधनुषी होती हैं और कौन किस रंग को चाहता है, यह उसकी अपनी पसंद है!

–मुझे भी प्राप्य है, उसका कुछ फल पाना चाहते हो तो पहचान बनाओ!
–पहचान बनाओ हर उस एक से जिस पर शक्तिपात हो चुका है।

❑

–जलते हुए दीपक शक्ति के सामर्थ्यवान प्रतीक हैं।
–एक समर्थ मिल जाए तो भटकने की जरूरत नहीं है।
–कुछ भी पाने को मात्र एक कण चाहिए।
–एक कण आपकी उर्वरा चेतना में पहुंचकर या तो मिटकर बुझ जाएगा अथवा जाज्वल्यमान सहस्त्रबाहु बन जाएगा...एक कण, हां, एक कण ही तो!

सद्कार्य

प्रार्थनाओं का अभिषेक

जब-जब हमें चाहिए, मेह बरसता रहे।
हमारी फली-लदी खेतियां पकती रहें।
हमारा सुख-कल्याण निरंतर बढ़ता रहे।

❑

—आदि मानव ने एक सुखी और संयमित जीवन के लिए यही प्रार्थना की थी।

—प्रार्थना में मूलतत्त्व हमारी मूल-आराधना है। जीवन यदि शेष है तो जो कुछ निशेष है उसे पुनर्जीवित किया जा सकता है।

—उद्यान में उगी घास सूखी हो सकती है, जड़ यदि पृथ्वी की सबलता में है तो फिर हरा स्वरूप देकर मखमली बनाना कठिन नहीं है।

—कठिन होगा यदि वह जड़हीन हो जाए।

—जड़हीन में स्पंदन नहीं है, स्पंदन नहीं है तो प्राणतत्त्व कहां से आएगा, प्राणतत्त्व है तो टूटती हुई डोर धागे से भी मद्धम हो, उसे प्रयत्न कर मजबूत बनाया जा सकता है।

—प्राण की पुनर प्रतिष्ठा तभी संभव है, जब उसमें मूलतत्त्व हो।

—अमरबेल को पृथ्वी का सहारा नहीं चाहिए, लेकिन वह भी प्राणतत्व वृक्ष से लेती है, उस वृक्ष से, जिसका आश्रय पृथ्वी है।

—हमारी प्रार्थना युग-युग से इसी आस्था में रही है कि हमारी मूल-चेतना और जीवनदायिनी शक्ति क्षीण न हो, अथवा परिष्कार और विकास हम कर लेंगे।

—अंततः इस दौड़ के पीछे सुख और कल्याण के भाव भी निहित हैं।

—जीवन इन्हें आश्रय न दे सके तो वह निस्तेज हो जाता है और मनुष्य अपनी व्यर्थता से पराजित, असमय ही प्रस्थान कर जाता है।

❑

—विश्व सुंदर है।

—विश्व व्यापक है।

–विश्व कल्याणकारी है।
–सबल चेतना का केंद्र विश्व है।
–विश्व-परिधि के बाहर मात्र खोखलापन है।

❑

–इन सात अवधारणाओं को समझने के बाद महान जीवन-शक्ति का उदय अपने-आप होता है।
–तब मन प्रकाश-पुंज बन जाता है।
–दिन में जागृत मन हजारों मील की राज-यात्रा करता है।
–रात में सोता हुआ मन अद्‌भुत ज्योति समेटता है और सुबह सूरज की प्रथम किरण के साथ अधिक उल्लसित और अधिक आस्थावान बनकर उभरता है।
–मनुष्य की चेतना और चेहरे पर दीप्ति इसलिए प्रातःकाल ही उभर आती है। सारे दिन वह उसी के सहारे देदीप्यमान रहता है।
–अर्थात् प्रथम रश्मि-किरण मोहक व्यक्तित्व का निर्माण करती है और यही व्यक्तित्व हमें सामान्य से असामान्य की ओर ले जाता है।
–असामान्य बनने के लिए सद् संकल्प प्रथम प्रेरणा है।
–यही प्रेरणा चतुर सारथी की तरह बलवान अश्वों को हांककर संकल्प-वेग तक ले जाती है।

❑

–अमरता और नश्वरता सद्‌कार्यों का प्रतिफल है।
–सद्‌कार्य निरंतर संघर्षरण से मथानी में मथने के बाद निकले हुए मक्खन की तरह प्रतिफलित होते हैं।
–यह प्रक्रिया अपने-आप में विशिष्ट है : चोर चोरी कर सकता है, दंभी हत्यारा हो सकता है, अविचारी घात लगा सकता है और उन सबके बाद सदाचारी बनने का ढोंग भी बनाये रख सकता है।
–सदाचारी को हिना की तरह पत्थरों से पिसना होता है, सदाचारी को हजारों-लाखों नेत्रों की पारदर्शिता से निकलना होगा। सदाचारी को धब्बों, आघातों और व्यर्थ के लांछनों से उलझना होगा सदाचारी के जीवन में।
एक क्षण ऐसा भी आ सकता है, जब वह अपने कार्यों को व्यर्थ समझकर हताशा-निराशा के गर्त में छलांग भरने की बात सोच सकता है। वास्तव में ये लंबी परीक्षा के क्षण हैं।
–सदाचारी में धैर्यवत्ता और संघर्षशीलता होती है, प्रतिफल सभी अवरोध व्यर्थ जाते हैं और वन देदीप्यमान होकर रूप-रंग में निखरता है।

—चोर, दंभी और हत्यारा पकड़ा भले न जाए वह आत्मग्लानि के कोढ़ से स्वयं नष्ट होगा।

—सदाचारी छिपना भी चाहे तो छिप नहीं सकता। वह सायास प्रयत्नशील नहीं है, उसके कार्य उसकी गिद्ध-चेतना के उद्भूत हैं, छिपेगा कहां?

—पकड़ा जाएगा जरूर वह!

—जनता नहीं छोड़ेगी उसे!

—जनता बांधेगी, घेरेगी और फिर उसका अभिषेक करेगी।

—वह जानकारों के बीच मनुष्य से ऊपर एक दैवी-चेतना का प्रतीक स्वयं अनायास बन जाएगा।

❑

—चेतनामय संपूर्ण व्यक्ति के उद्गार ऋचाएं होती हैं। वही ऋचाएं मंत्र बनते हैं और वही स्वर व्यापक मानवता के लिए प्रार्थना के प्रतिरूप हो जाते हैं।

—उनकी दी गयीं प्रार्थनाएं जगत्-कल्याणकारी हैं, उन प्रार्थनाओं का अभिषेक करें हम और विनत हों उनके सामने जो उसके स्रष्टा हैं।

शाश्वत जीवन

❍ "मैं हमेशा अशांत रहता हूं। भटकन-सी वेदना है। कभी-कभी विचलित होकर आत्महत्या करने की बात गंभीरतापूर्वक सोचने लगता हूं। नहीं जानता, क्यों होता है यह सब?"

—एक जिज्ञासु ने प्रश्न किया है।

❑

—प्रश्न सार्थक है। ऐसे भावों, मनोभावों और विचारों का अवतरण अकसर होता है।

—लगता है, घाटियों में गोलाकार घूमती हवाएं जब थक जाती हैं तो घरों के दरवाजों पर सिर मारती हैं।

—दरवाजे कांप उठते हैं, घर नहीं कांपते।

—हवाएं यूं सिर पीटकर शांत हो जाती हैं।

—मन भारी हो, विचार मस्तिष्क के भीतर हथौड़े मारने लगे तो उन्हें हलका करने का कोई माध्यम देना चाहिए।

—अशांत होना मस्तिष्क का भारी होना है।

—अशांति की वेगमयी गतिधारा ही भटकन और विचलन को जन्म देती है। ऐसी स्थिति में गलत विचार आते हैं और गलत कदम भी कभी उठ जाते हैं।

❑

—अपनी सीमा को छोड़कर थोड़े विस्तार में जाएं हम। बाहर की दुनिया और अशांत है। भटक रही है लुटेरों की तरह या भिखारियों की तरह।

—शिकायतों से समूचा क्षेत्र व्याप्त है : ये शिकायतें अनंत और अस्थिर हैं। कभी एक उठती है, फिर दूसरी ऊपर जाती है।

—शक्ति, सत्ता, पहचान, आत्मस्वीकृति आदि तत्त्वों से लेकर भीतरी-बाहरी दाह से दग्ध है यह समूचा आकार।

—शांति की बात करते हुए अशांत तत्त्वों को सावधान कर सेवादार बनाया जाता है।

—आदेश है : बातें तो होंगी, कहीं कोई स्वीकृति न दे तो सावधान अशांति! आक्रमण का आदेश है!

–कितना छद्म विरोधाभास है।

–कमरा बंद है, शांत है, शीतल है; समागम परिहासपूर्ण और गंभीरता है; जरा-सा दरवाजा खोलिये सभी कुछ परविर्तित मिलेगा।

–शांति का मंत्र जाप करनेवाले विदग्ध हैं और सत्ता अथवा मद-विवेकहीन वे अशांति के बीज बो रहे हैं।

❑

–एक और परिदृश्य है : शांति की खोज कहां?

–जल, थल, नभ–तीनों शांत नहीं हैं। नहीं होना चाहिए उन्हें शांत। हो जाएंगे शांत जिस दिन सब-कुछ स्थिर हो जाएगा।

–सृष्टि की उत्पत्ति शांति से नहीं अशांति के आलोड़न से होती है।

–बीज छटपटाता है, जलता है और कठोर संघर्ष करता है, तभी अंकुर फोड़ पाता है वह।

–अंकुर का संघर्ष और व्यापक हो जाता है। विजयी ही सार्थक संज्ञा तक पहुंचते हैं।

–पृथ्वी का गर्भगृह अंगारों से भरा है। वह शांत होता है कहीं ज्वालामुखी बनकर, कहीं भूकंप की करवट से।

❑

–सबसे विचलित जल राशि है।

–महासागर पृथ्वी की परिधि से बड़े हैं।

–एक पल भी महासागर शांत नहीं होता।

–महासागर की शाखाएं सागर हों या नदी-नाले कभी रुकते नहीं, समतल बहते नहीं।

–जल अशांत है इसलिए शुद्ध है। सारी अपवित्रता अपने-आप बह जाती है।

–अर्थ हुआ, शांत जल सड़न और गंदगी का सभागार होगा। जल का सौंदर्य उसके निरंतर झरने और ऊपर-नीचे उठने गिरने में है।

❑

–आकाश अनायास दृष्टिभ्रम है।

–आकाश को पकड़ने के प्रयत्न कब से नहीं हो रहे, कौन पकड़ सकता है? कौन कह सका है, यह है आकाश जहां मैं खड़ा हूं या जो मेरी मुट्ठी में है अथवा जिसने मुझे बांध लिया है।

–फांसी के तख्ते पर लटकाये जाने वाले अपराधी को यही तो लगता है–काश! उसका रस्सा आकाश की किसी नोक में लटकाया जाता!

–वह नोक है कहां, उसे पता नहीं। इसी अनजानी चेतना के साथ वह चेतनाशून्य हो जाता है।

–आकाश अनंत है, अनादि है, परंतु पृथ्वी की तरह गुरुत्वाकर्षण-शक्ति उसमें नहीं है।

–कहते हैं, एक सीमा है, उसके बाद पृथ्वी की गुरुत्वाकर्षण शक्ति क्षीण हो जाती है। संभव है हो वह, तब ऊपर जाने वाले हर आयाम को अंतरिक्ष में लीन हो जाना चाहिए। होता है क्या?

❑

–आइए मित्र, वापस लौटे हम आपकी अशांत चेतना के द्वार पर!

–जितने अशांत आप हैं, हम-सब उतने ही हैं या उससे भी अधिक।

–हमारे मन की अशांति ही हमें क्रियाशील रखे हुए है।

–क्रियाशीलता है तो प्रगति और विकास के मार्ग प्रशस्त हैं।

–जितने आकुल-व्याकुल होंगे हम, जितनी छटपटाहट होगी हमारे भीतर, जितने व्यग्र और आतुर होंगे हम, हमारी क्षमताएं उतनी ही गतिशील होंगी।

–गति को कोई रोक नहीं सकता।

–गति हवा और समय से भी अधिक संचारमयी है।

–रोकने का प्रयत्न जो करेगा स्वयं मजबूत चट्टानों को रेत में बदलते हुए देखेगा।

–मनुष्य की दूसरी गतिमयता ने विकास के अगाध अंबार खड़े किये हैं; असंभव को संभव किया है और महादानव की तरह सामने आनेवाले प्रत्येक अवरोधक को चूर-चूर किया है।

–हम शांत नहीं हैं, इसलिए हमारा रक्त संचरित है।

–रक्त संचरित है इसलिए हम अदम्य शक्ति पुंज हैं।

–अदम्य शक्ति पुंज हैं इसलिए मनुष्य अपराजेय और महाप्रभुतामय अदम्य क्षमताशील है।

–ऐसे ही अशांत पुरुष का हमने नमन किया है।

–अशांत पुरुष ने ही वेदवाणी दी है, अशांत पुरुष ने ही धरती और आकाश को भेदा है, अशांत पुरुष ने ही मद को शहद की तरह चाटा है।

–अशांत पुरुष ही परमपुरुष बना है और अंततः वह ईश्वरीय सत्ता का एक अंग बना है!

❑

–मेरे दोस्त, तुम क्यों शांत होना चाहते हो!

–शांत एक दिन तो होगे ही, वह तुम्हारी जिंदगी की अंतिम सांस होगी।

–उस अंतिम सांस तक पहुंचने के पहले जितने अशांत रह सको, रहो–दीर्घ जीवन नहीं, हमारी कामना सफल और शाश्वत जीवन की है।

यही सत्य है

एक कहानी याद आ रही है, शायद कभी पढ़ी हो, न भी पढ़ी हो, कहानी तो कहानी है!

❑

–नशे में डूबा एक व्यक्ति सड़क पर जा रहा था। उसके हाथ में एक पेटी थी। पेटी भी अजीब : पूरी तरह बंद, बाजुओं में छोटे-छोटे दो-चार छेद थे। निश्चय ही उस छोटी पेटी में कोई जंतु है। रास्ते में उसे एक व्यक्ति मिला। पूछा उसने, "बंधु, पेटी में क्या है?"

वह नशे में तो था ही, बोला, "इसमें एक नेवला है।"

–"नेवला! किसलिए? कहां ले जाओगे?"

"देखो मित्र", उसने कहा–"अभी मैं हलके नशे में हूं। थोड़ी देर में नशा बढ़ेगा, मैं जब मदहोश हो जाऊंगा तो मुझे चारों ओर सांप-ही-सांप दिखायी देंगे। सांपों से मैं भय खाता हूं। उस भय-मुक्ति के लिए और सांपों से बचने के लिए मैं यह नेवला लिये जा रहा हूं।"

आश्चर्य से उसने देखा। पूछा, "मित्र, कभी सही ढंग से सोचा है? तुम जिन सर्पों की बात करते हो, वे तो नितांत कल्पित हैं? अट्टहास!" उत्तर,

"सुनो भाई, मेरा यह नेवला भी काल्पनिक है!"

वास्तविकता तो यही थी कि पेटी भी खाली थी!

❑

–किस तरह हम कल्पनाओं के जंगल में रहते हैं।

–ऐसी कल्पनाएं हमारे भीतर भय उत्पन्न करती हैं।

–भयातुर मनुष्य असंतुलित होता है।

–भय में संयम नहीं, सत्य और असत्य का भेद नहीं, इसलिए कार्यों क्रिया-कलापों और विचारों का तारतम्य टूट जाता है और एक स्थिति को दूसरे ही क्षण हम स्वयं झुठलाने लगते हैं।

—हाथ क्या लगता है तब?

—जमे हुए दही की ऊपरी पर्त ही सर्व-संपन्न है, उसी में घृत है; नीचे शेष मट्ठा रह जाता है।

—भयग्रस्त व्यक्ति केवल मट्ठा पाता है और वास्तविक शक्ति और शौर्य को ग्रहण नहीं कर पाता।

—व्यवस्थित होने के लिए तब पहली शर्त हुई निर्भय होना!

❑

—निर्भय अमरबेल जब बढ़ती है तो समग्र वृक्ष का पोषण स्वयं ग्रहण करती है।

—नागफनी की दीवार बनाकर हम आडंबरमयी दीवारों से अधिक सुरक्षित अनुभव करते हैं।

—गुलबकावली के फूलों के लिए आख्यानों के नायक राजकुमार, नदियों, पहाड़ों और वादियों को इस तरह पार करते हैं, जैसे कोई उछलता हुआ महासागर से गुजर रहा है!

—बांज वृक्ष की छाया शीतलता की उस चरम शांति और अभय का वरदान देती है, जहां अग्नि-वर्षा भी हो तो निश्चिंतता बनी रहती है।

❑

—प्रकृति पुरुष के लिए सबसे बड़ा वरदान है।

—सजल, सहज, समवेत बिखरी हुई प्रकृति पुरुष को जीवन-दायिनी ऊर्जा देती है।

—प्रकृति के सान्निध्य में ही अंतर्ज्योति का उदय होता है और एक नये उपादेय विवेक को जन्म मिलता है।

—हमें चाहिए क्या? स्वस्थ शरीर, स्वस्थ मन और स्वस्थ विचार!

—जिस सुखमय वातावरण में हमारी देह यष्टि फले और फूले, मुझे लगता है वही अमरबेल है और वही गुलबकावली!

—अमरबेल अक्षुण्णता का प्रतीक है और गुलबकावली तीव्र गिद्ध-दृष्टि का।

—दृष्टि बनी रहे तो विश्वभर का सौंदर्य अपने-आप सिमटकर हमारे भीतर समा जाता है।

—दृष्टिहीन व्यक्ति की गति क्या होती है, यह ऐसे ही व्यक्ति को देखकर आसानी से जाना जा सकता है। वह सौंदर्य के मूलतत्त्व से ही दूर होता है। तब?

—मर्यादा निश्चित है! निश्चित है मर्यादा इसलिए जन्म और मृत्यु निर्धारित है। सौंदर्यहीन जीवन के साथ नेत्रहीन को भी इस निर्धारित सीमा तक भटकन और उदासीनता झेलनी पड़ती है।

❑

—यहीं से हम मूल प्रश्न की ओर बढ़ सकते हैं। स्वस्थ चेतना के एक नन्हे कण ने एक नन्हीं-सी पहचान तो दे ही दी। सत्य यह है कि चेतना अपने-आपमें इतनी व्यापक और सचेत है कि उसे समूचे ढंग से समझने के लिए संपूर्ण आयु को जुए में लगाना होगा।

—अच्छा यही है कि स्वस्थ चेतना का छोटा-सा कण भी मिल जाए तो संतोष कर लेना चाहिए।

—उसी छोटे कण को किसी वैद्य की खरल करनेवाला कसौटी समझा जा सकता है। उसमें जो कुछ डालना हो डालिए और बट्टे से रगड़िए। जितना श्रम करेंगे, सूक्ष्मतम सृष्टि तक पहुंचेंगे और जीवनदायिनी अलभ्य औषधि मिलेगी।

—खरल में घिसने के बाद सत्य-असत्य, चाहे-अनचाहे इन सारे तत्त्वों का सार सिमट जाता है। वही शेष रहता है और उसकी जरा-सी राख परम स्वास्थ्य देने की सामर्थ्य रखती है।

—मूल इसलिए एक नन्हा-सा कण हुआ।

—सूक्ष्म से स्थूल तक पहुंचने का इससे सहज मार्ग और नहीं है।

—यह मार्ग भय-विमुक्त है।

❑

—भयमुक्त व्यक्ति चिंतन और चेतना के नये द्वार खोलता है।

—भयमुक्त व्यक्ति को खाली पेटी लेकर नहीं चलना पड़ता।

—भयमुक्त व्यक्ति पौरुष का प्रतीक है। वह स्वयं सामर्थ्यवान होता है और अपनी सामर्थ्य दूसरों को देता चलता है।

—अंतिम सार बोध :

❍ जन्मते ही जाने कितने रिश्ते हम बनाते हैं। कुछ बने होते हैं, बने नहीं होते तो संज्ञा को विशेषण में हम बदल देते हैं, यथा :

❍ धर्म भाई

❍ धर्म बहन

❍ धर्मकांटा

❍ धर्मशाला

❍ धर्मपत्नी

❍ धर्म पिता

—अंतिम प्रश्न पूछना चाहूंगा : आज तक किसी ने कहा है : धर्म मां! यही अभय है, यही सत्य है, यही जीवन का परम सार्थक तत्त्व है। यहां पहुंचकर सारी भटकनें दूर हो जाती हैं।

कालातीत बने हम

आंधियों के गोलाकार में, देखो तो, उभर रहा है कुछ! यह कुछ हमेशा उभरा है; देखने का प्रयत्न हमने नहीं किया। आज अचानक हमारी ज्योति उस ओर ठहर गयी है और हमने पहचान कर ली है!

❑

—सभी कुछ अचानक होता है : पूर्व सूचनाएं मिल जाएं तो स्थिति शायद कुछ और हो!

—अचानक : यानी हमारा इस धरा पर आना, इस धरा से जाना; कुछ पाया हुआ खो देना; सोचना, सोचे हुए को पागलों की तरह मसलकर किसी कूड़ेदान में फेंक देना; कुछ देखना, देखे हुए को अनदेखा करना।

—यहीं तक नहीं अपनी पहचान भी अचानक होती है। अचानक पहचान खो भी जाती है!

—यह समूचा क्रम ही इतना अचानक है कि हम इसे अपनी अवश-विवश स्थिति का अभिशाप मान सकते हैं।

❑

—आंधियों के गोलाकार से आज ही यह कौन-सा अचानक सच उभरा है?

—उभरा ही नहीं इसने हमें स्थिरता दे दी है।

—कालजयी के अध्येता हम अंधेरे में फंस गये हैं।

—फंसे हुए अंधेरे से उबारने के लिए हम अपनी मुट्ठियों में उजाला भरते हैं और फिर उस उजाले को पानी की तरह सींचते हैं!

—अंधेरा तब भी नहीं मिटता। हमारी दृष्टि प्रकाशवान जरूर हो उठती है यह देखकर कि अंधेरे की वज्र देह पर कुछ ओस कण उभर आये हैं और जुगनुओं की तरह चमक रहे हैं।

—अंधेरा चिर सत्य है, लेकिन उसका उदय हुआ है अक्षय प्रकाश से।

—अक्षय प्रकाश महारथी सूर्य का वरदान है, जो अनवरत निरंतरता का विश्वास है।

—अक्षय और अडिग सूर्य घूमती हुई पृथ्वी को वैसा ही खेल खिलाती है जैसे बिल्ली किसी चूहे को। पृथ्वी का जो भी हिस्सा सूर्य की छाया में आया प्रकाशवान हो उठा। कुछ देर वह प्रकाश रहता है फिर वही हिस्सा अंधकार में डूब जाता है।

—इस प्रक्रिया में समूची धरती कभी अंधकारमय नहीं होती। खंड-खंड में विभाजित उसे प्रकाश और अंधकार का लुका-छिपी खेल खेलना पड़ता है!

—प्रकाश से अंधकार और अंधकार से प्रकाश की ओर आना-जाना धरती की विवशता है।

—हमने इस विवशता को पहचान लिया है, इसलिए नश्वर और क्षणिक होते हुए भी हम ही सत्य के परिभाषित अंग हैं।

—इतनी सामर्थ्य जुटाना प्रतिफल ही है संभवतः कि हमने प्रकाश को अपनी बौद्धिकता का अंग बना लिया है तो अंधकार को उपभोक्ता संस्कृति में बदल दिया है।

❑

—उपभोक्ता संस्कृति है?

—हां, अधंकार न हो तो आंखों से नींद उड़ जाए।

—अंधकार न हो तो शक्ति का संचयन का उद्‌गम समाप्त हो जाए।

—अंधकार न हो तो सृष्टि का सृजन भी रुक सकता है।

—अंधकार न हो तो हम लौकिक महाभोग के परमानंद से वंचित हो सकते हैं!

—छद्‌मवेषी भी बनते हैं हम अंधकार में : हत्याएं, चोरी, मारपीट, लूटपाट और अनाधिकृत व्यवसाय से सारे आयाम इस क्षण खुलते हैं।

—अंधकार की परमशांतिमय सृष्टि है, जहां हम सभी भूलते हैं तो वहीं सभी भोगते भी हैं।

—ज्ञान और ज्ञान से परमज्ञान हमारे प्रकाश-चक्षुओं के भीतर अंधकार के महागर्त से ही उदय होता है।

—आसान भाषा में कहें :

❍ प्रकाश पुष्प है तो अंधकार उसका सौरभ : रातरानी के सहभागी हैं : बेला, चमेली, मोंगरा और अनगिनत धरा जीवी अणु और परमाणु।

❍ मनुष्य ही इस जगत का अध्येता नहीं है। महारात्रि में निर्भय विचरनेवाले महाबलशाली पशु-पक्षी भी हैं। प्रकाश से भागते हैं वे और अंधकार में दीपक की बामी से जैसे अनायास फूट पड़ते हैं और अपनी जीविका की खोज में लग जाते हैं।

❍ बहुत कुछ होता है अंधकार में जो प्रकाश में संभव नहीं।

❑

–प्रकाश की चर्चा सामर्थ्य से परे है?

–प्रकाश महातेजमय अक्षुण्य और अनश्वर अमर तत्त्व है।

–हम अमर नहीं हैं, इसलिए प्रकाश पाने का श्रम करते हैं ताकि पीढ़ियां अंधकार में भी हमारा अभिषेक करती रहें।

–जागरण के प्रथम आयाम में ही हम सूर्य को अर्घ्यदान देते हैं और मौन याचना करते हैं : हे परमत्त्व! अपनी लघुता को हम पहचानते हैं; लघुतम कण मात्र पाकर हम श्रेष्ठतम हो सकते हैं; इसलिए समाहित हो हमारी काया में और साध्य बनो। विश्व विकास का! हम मात्र छाया हैं और हे प्रकाश! आज ही प्रात:किरण से कल ही प्रात:किरण का वरदान दो!

–आज से कल–यानी एक-एक दिन की याचना कर हम परमशक्ति का संचयन करते हैं जैसे महासागर से छोड़ी हुई सीपियों को हम बीन रहे हों!

–हर दिन जीवन की याचना ही हमारा जीवन-मंत्र बनता है और उसे निरंतर जागृत करते हुए हम नश्वरता के गरल को पानी की तरह पीकर अनश्वर, अक्षय और शाश्वत बनने की आशंका के परिश्रम में आवृत्त हो जाते हैं।

–कुछ महाभाग हैं जिन्हें प्रकाश का वरदान मिलता है। वे महाभाग अशरीर होकर भी उनसे श्रेष्ठ और पूज्य हैं जो अपने शरीर को कुष्ठग्रस्त होते हुए भी ढो रहे हैं।

–विजय अंतत: श्रमशील की होती है; विजेता वही होता है जो संघर्ष की महाकाल रात्रि से जूझकर मदमस्त हाथी को भी अपने अंकुश से अपना दास बना लेता है।

–श्रम इसलिए महाशक्ति है। महाशक्ति प्रकाश का लघुतम कण है।

–प्रकाश की याचना इसलिए संक्षिप्त सीमा में की जाती है अन्यथा वह ज्वलनशील है, भस्म कर शेष रहने देगा पोटली में बांधने योग्य राख; बस मात्र राख ही!

❑

–इतनी बातें कर लीं हमने, थोड़ा ठहरें और सोचें!

–अंधकार असत्य है लेकिन महाबलशाली है!

–प्रकाश सत्य है लेकिन उसकी उपयोगिता हमारे लिए हमारी सामर्थ्य में समाहित है!

–हममें इतनी शक्ति है कि प्रकाश को आत्मसात् कर स्वयं एक नये प्रकाश को

जन्म दे सकते हैं। हमारे भीतर जो प्रकाश, इस प्रक्रिया में, उदित होता है वह महाबली सूर्य से अधिक शक्तिशाली है!

—अंततः पहुंचते हैं हम अपनी पहचान के पास ही?

—पहचान को कालजयी बनाकर हम महान संस्कृति के अध्येता बन जाते हैं और तब न हमें चिंता रहती अंधकार की, न लौकिक प्रकाश की।

—हमारी घनीभूत शक्तियां सदा-सर्वदा प्रकाश से उद्‌बोधित रहती हैं!

❑

—इस अक्षुण्ण शक्ति का वरदान हमें अंधकार और प्रकाश दोनों की समवेत्ता से मिलता है; इसलिए आइए इस अंधरात्रि को भटकने न दें, उसका मार्ग प्रशस्त करने के लिए कुछ दीपक जला दें। फिर प्रातः की प्रथम किरण के साथ अपने आत्मसात् कर सूर्य को अर्घ्य दे दें!—हम महाबलि हैं, एक तिनका इधर, एक तिनका उधर; हमारी बौद्धिक चेतना ने हमें जागृत रखा है और उसी के बल पर सभी को पराजित कर हम कालातीत बने हैं!

जय हो व्यतीत

–बीत गया एक वर्ष और!

–क्षय हुआ काल, टूटा एक तारा और, आकाश के हवशीपन से।

–बीतते जाएंगे इसी तरह क्षण पर क्षण, जैसे बदलता है मौसम।

–कुछ रहेंगे, कुछ फूटेंगे नये अंकुर और गत हो जाएंगे कुछ समय ने जिनके जीवन-पटल पर कर दिये अंतिम हस्ताक्षर!

–शेष रहेंगी स्मृतियां : स्मृतियां व्यतीत की, स्मृतियां आगत की, स्मृतियां सम्यक् चल रहे जीवन-बोध की।

❑

–स्मृतियां ही सार्थक होती हैं।

–स्मृतियों से नये अध्याय जन्म लेते हैं : ज्ञान-विज्ञान के, अध्यात्म के, इतिहास के और पृथ्वी-परिधि के जुड़े भूगोल के।

–स्मृतियां ही जीवन का सार्थक शेष हैं। जिस दिन वे विलुप्त होती हैं मनुष्य और मनुष्येतर संरचना का भेद प्रश्नचिह्न बन जाता है!

–बीतते वर्ष के साथ हम स्मृतियों के उस मायाजाल में प्रवेश करते जा रहे हैं जहां से दिव्य शक्तियों को अप्रतिम प्रकाश उद्‌भूत होता है और एक नयी सृष्टि का नियंता बनता है।

–अपने पथ-चिह्न छोड़ना कितना महिमामय होता है।

–कितना महिमामंडित होता है भीड़ का उससे गुजरना और छोड़े हुए पद-चिह्नों के जयकार के स्वर उनके मुंह से सुनना।

–यहीं शाश्वत होने की आधारशिला रखी जाती है।

–सदियों तक गूंजनेवाले जयनाद यहीं से उपजते हैं।

–इसलिए नमन है, हे व्यतीत! तुमसे मिले संस्कार और परंपरा को हम आगत के हाथों सौंपेगे और उसे नये संस्कार के लिए तैयार करेंगे।

❑

—पहचान हमें है : आरंभ होंगे नये दिन, समस्याएं किंतु पुराने दिनों की होंगी। फैले हुए विषय की जंजीरों को तोड़ने में कितना कुछ नहीं खोना पड़ेगा।

—व्यतीत सौंप रहा है जो दाम उसमें जर्जरता की सौगात है। विवेक साथ देगा या बल, नहीं जानते हम। लटक रही है नंगी तलवारें—विजय घोष का प्रदर्शन होगा अथवा नरमेध का महायज्ञ। बिखरेंगे या जुड़ेंगे, जड़ता कसेगी या उपजेगा कीचड़ से उभरकर कमल—कुछ भी तो पता नहीं।

—पता किसको कब था—आने का, आकर खोने या पाने का, पता जाने का भी नहीं है।

—वर्ष जा रहे हो तुम मात्र एक प्रतीक स्वरूप, छाया तो बनी रहेगी न!

—छाया का यह सिलसिला निरंतर चलता रहेगा। इसी से तो आक्रांत हैं हम!

—घड़ी की सुइयां भले बदल जाएं और सदियों की संख्या आगे खिसक जाए, हर क्षण, हर माह, हर वर्ष और हर सदी पिछली छाया से आक्रांत रहेगी।

—आक्रांत रहेंगी छाया से सदियां महाप्रलय के बावजूद।

—महाप्रलय लूट ले जाएगा हमारे अर्जित उपादान, ज्ञान-विज्ञान लेकिन संस्कार उसकी परिधि से बाहर होंगे।

—संस्कार बाहर होंगे क्योंकि वही तो छाया है, धुंधली सा; गहरायेगी और फिर स्वरूप लेगी; नींव वही है इमारतें बदलती जाएंगी।

—बदलते जाएंगे इमारतों के उपकरण।

—यह क्षण विशेष की उपलब्धि नहीं है, यह निरंतरता का प्रतिबोध है।

—निरंतरता यानी गतिशीलता।

—गतिशीलता कभी जड़ता नहीं बन सकती।

—बनना भी नहीं चाहता कोई जड़, अजर-अमर होने के सपने इसलिए कोई बुनता नहीं है।

—कभी कुछ बुन जाता है तो दूसरे हाथों से, दूसरे समय की शिला से, क्योंकि एक समय दूसरे के हाथ परंपरा की वह पोटली छोड़ता है जिसकी गांठ भले खुल जाए लेकिन वह खाली न हो।

❑

—सिलसिला!

—अजातशत्रु है वह!

—प्राणवायु है, जल-जीवन है और वातायन से उभरता नयी सृष्टि का प्रतीक बोध।

—अपराजेय वह है और रहेगा!

—तो क्या पराजित हम होते रहेंगे!

–नहीं, हम पराजित न कभी हुए और न होंगे।

–दंभ नहीं है अनश्वरता का, लेकिन काल भी जहां पराजित हुआ हो, वहां?

–उत्तर दें वे जो प्रश्न समझे बिना गणित के साथ खेल करते हैं।

–नष्ट होंगे वे जो स्वार्थ के पिंजरे में कैद हैं। जिन्हें बाह्य-जगत धुंधला दृष्टिगोचर होता है, भूल जाते हैं वे कि खो रहे हैं अपनी ही आंखों की रोशनी और थोप रहे हैं दोष मौसमी हवाओं पर।

–कीचड़ उछालना सहज है, अपने ऊपर पड़े कीचड़ को साफ करना कितना दुष्कर है।

–गलतियों और भूलों का लेखा-जोखा करने के लिए छोड़ दिया जाए तो आत्म-रक्षा करते हुए सहज ही सब-कुछ कर लेंगे हम। कहा जाए छोड़ा नहीं जा सकता अपने को, फिर प्रस्तुत करो; हाथ रुक जाएंगे, स्याही सूख जाएगी, ठिठक जाएंगे और मौन होकर अपनी असमर्थता और अनगढ़पन को स्वीकार कर लेंगे।

–अपने आपको उघाड़ना कितना कठिन है। जो उघाड़ सका है उसने नयी त्वचा पायी है, उसी का जयघोष हुआ है।

–सिमटकर रहनेवाले पैर नहीं पसार सकते, पैर पसारनेवाले सीमाओं से आबद्ध नहीं होते, सीमाएं खिसकती जाती हैं कुहरे की तरह एकदम आसानी से।

❑

–बीत रहे हो वर्ष, ले जाओ हमारी शुभकामनाएं, लगा जाओगे हमारे माथे के एक कोने में काला ढिठौना!

–वहीं से उगेगा नया सूरज; हम कर-बद्ध उसका स्वागत तो करेंगे ही, तुम्हें भी देंगे अपने प्रणाम!

–हर जानेवाला स्वच्छ होता है, उसकी बुराइयां अग्नि का भक्षण बनती हैं, शेष रह जाती हैं उसकी सभी पवित्रताएं।

–हम तुम्हारी पवित्रताओं को अपनी विरासत की तरह सुरक्षित रखेंगे!

–जय हो, जय हो व्यतीत।

हमारी वसीयत

—वह ठहाका लगाकर हंसे जा रहा था। उसके साथियों के होंठों पर मात्र हलकी-सी मुसकान थी। वह मुसकान भी, लगता था, ठहाके की कोई टूटी हुई कड़ी है। एक ने कहा, "ज्यादा हंसने से पेट में बल पड़ जाएगा।"
दूसरा बोला, "आजकल दिल उछलकर चूहे की तरह लापता हो जाता है।" वह हंसता ही रहा—खूब ठहाके लगाकर। अचानक वह चुप हो गया। एक गंभीर मौन और फिर आंसू। उसने रोना शुरू कर दिया।

❑

—वह जो भी हो, है हमारी जाति का ही प्राणी, एक मनुष्य।

—मनुष्य या तो ठहाका लगाये अथवा रोने लगे तो?

—तो क्या उसे हंसाना नहीं आता! वह मुसकराना नहीं जानता।

—जिंदगी की ताजगी हलके से हिले तिरछे होंठों में मिलती है। ऐसी मुसकराहट अमरूद के ताजा पके हुए फलों का स्वाद है।

—ठहाका लगाने का अर्थ है—भीतर के दर्द को, भीतर की कड़वाहट को बाहर निकालना।

—अक्सर विदूषक ठहाका लगाते हैं, इसलिए कि जनता कम-से-कम मुसकराये तो!

—अनायास अकेले में रोने का मन होता है—अपनी कमजोरी दिखाये बिना। अपना दर्द क्यों न चुपचाप हलका कर लिया जाए।

—आदमी जहां अवश-विवश होता है, आत्म-समर्पण कर देता है।

—आत्म-समर्पण करने वाले की मुद्रा होती है—अर्द्ध गोलाकार, धरती को घूरती, विचार शून्य और खाली-खोखले मस्तिष्क की।

—उसमें न चिंतन है, न चेतना है, न सोच या समझ है, न पछतावा है और न भविष्य का भय है। आत्म-समर्पण ही उसने बहुत विचार के बाद किया है, फिर शेष क्या रहेगा।

❑

–सोच उठता है, ठहाका लगाने वाला व्यक्ति आत्म-समर्पण नहीं करता क्या?

–मन के भीतर कराहता हुआ दर्द पिघलकर आंसू ही तो बनेगा और बर्फ की तरह पानी बनकर उसे बाहर आना होगा।

–अयाचित रुक जाना पड़ता है।

–आखिर क्यों?

–कहां गयी हमारी मुसकराहट?

–मुसकराते हुए चेहरे अपने आसपास उभरे गड्ढों को भी भर देते हैं।

–यही मुसकराहट जब पकती है तो सारंगी के स्वर बिखरते हैं।

–जीवन और मृत्यु की प्रवंचना के बीच हमारी प्राण-धारा प्रवाहित होती है।

–एक सरिता की तरह जीवन झरने सा बहता है, फिर फैलकर नद और महानद बनता हुआ महासागर में विलीन हो जाता है।

–झरना किलकारियों की नाजुक ऊर्जा है, सरिता का विस्तार मनुष्यता की वह उपलब्धि है, जिसके लिए वह संघर्षरत है। संघर्ष ही बीयावान विस्तारित क्षणों में ही जय और पराजय के गीत उभरते हैं।

–जय शंखनाद बजता है।

–पराजय शोक-स्वर में बदलती है।

–महासागर में विलीन होना जीवन-यात्रा की समाप्ति है। इसी समाप्ति के बाद शोधपरक मूल्यांकन होता है।

–झरने-सा मनुष्य अपनी जीवन-यात्रा को समन्वित कर विशाल मानवता को अर्पित करता है अथवा मनुष्य देह पाकर भी वन्य प्रणियों-सा हिसंक हो जाता है।

–एक स्थिति और भी है, वह पाले हुए दांत निकाले सर्प-सा यहां-वहां रेंगता है, बस रेंगते हुए ही वह अंत तक पहुंच जाता है।

❑

–मनुष्य हो या प्राणिमात्र कोई भी शाश्वत नहीं है।

–जन्म लेते ही हमारी मृत्यु का इतिहास लिख दिया जाता है।

–मार्ग कितना भी लंबा हो अंत होगा ही। कितना भी हम चलें, कितने ही नये पद-चिह्न बना लें, सीमा अनंत नहीं हो सकती।

–जन्म और मृत्यु के बीच के क्षण हमारे हैं, स्पष्ट कहा जाए तो जोर देकर कह सकते हैं–हमारे होना चाहिए।

–यदि वे भी हमारे नहीं हैं तो छीन लेता है कौन?

–उस कौन की तलाश ही अंततः हमें सार्थक अथवा निरर्थक होने की संज्ञा देगी।

❑

–हमारा जन्म मात्र जीने के लिए नहीं विकसित होने के लिए हुआ है।

–विकसित के नये सोपान अगली पीढ़ी के लिए छोड़ी हुई हमारी संपत्ति है।

–यही गति सभ्यता के उत्सर्ग का मार्ग प्रशस्त करती है। इसलिए विश्व विकसित होता है, पीछे नहीं हटता।

–महाविनाशों के बावजूद हमारी गति रुकी नहीं। विनाशक शक्तियों के घृणास्पद कार्यों को भी मनुष्य ने अपने सौंदर्यबोध से गरिमा दी है।

–निरंतर गतिशीलता ने ही प्रकृति को रूप, रंग और गंध दिया है। उसी से प्रकृति को परिधान मिले हैं और मनुष्य के साथ उसका तादात्म्य स्थापित हुआ है।

–परिणाम निरंतर गतिशीलता और परिवर्तन है।

–इन्हीं परिवर्तनों को मौसम का अभिषेक मिला है।

–मौसम मुसकराते हैं।

–मौसम हंसते हैं।

–मौसम ठहाका लगाते हैं।

–मौसम रोते भी हैं।

–मौसमों के साथ हम सब जीते हैं और उसी तरह तिरोहित भी हो जाते हैं।

–अंतर है तब भी–मनुष्य मानसिक चेतना का स्वामी है।

–मस्तिष्क एक विराट विश्व है, उसी ने कंप्यूटर को जन्म दिया है और वही अंतरिक्ष के रास्ते बना रहा है।

–यहां मौसम पिछड़ जाता है और मनुष्य का बंदी बनता है।

–बंदी बनाना मनुष्य जाति का विजयगान है।

–हम चेतना के स्वामी हैं इसलिए सर्वोपरि हैं।

–अपने मनोरंजन के लिए हम मौसम के साथ खेलते हैं–ठहाका मारकर या रोकर।

–आज मौसम ने नयी कोपलों के साथ हमारे दरवाजे पर दस्तक दी है।

–हमने द्वार खोल दिये हैं, लेकिन...!

–लेकिन हमारा लेखा-जोखा ही विवशता की पाठशाला में पनपता है!

–हम हंसें! किसके लिए?

–हम ठहाका लगायें, क्यों?

–हम आंसू गिरायें, किस परिणाम की प्रतीक्षा में!

–आज सिर्फ खामोश रहने का मौसम है।

–कितना कुछ बदल गया है कि हम खामोश रहने के लिए विवश हैं।
–हमारे होंठ सिले तो नहीं, फिर उनसे आवाज क्यों नहीं निकलती?
–संस्कृति के द्वार पर आवारा दस्तकें हैं और बिखर रही हैं हमारी चिल्लाहटें मात्र शून्य में, कुछ भी बटोरने में असमर्थ!

❑

–हमारे सामने खड़ा है वसंत, होली के रंग, फाग के स्वर, मस्ती का आलम–नहीं, आज; कम-से-कम आज तो सब व्यर्थ-सा लगता है–चैन चाहिए, खामोशी और दहशत हमारी वसीयत बन रही है।

आंसुओं का स्वाद

एक जिज्ञासु–अचानक कुछ होता है : कभी रोना आता है तो कभी हंसना, समझ के परे है कि क्या कुछ है यह सब!

❑

–सृष्टि में सभी कुछ अचानक होता है : हम अचानक आये हैं, अचानक चले जाएंगे।

–सारा जीवन मध्यांतर में व्यतीत होता है।

–क्या करते हैं आप इस मध्यांतर में यही प्रतिफल है आपके साथ! 'अचानक' हो जाने का। आपके साथ ही नहीं हम–सबके साथ 'अचानक' हो जाने का।

–कमल और चंद्रमा की गहरी रिश्तेदारी है। दोनों साथ–साथ चलते हैं। यानी दोनों के जीवन का मूलाधार प्रेम–तत्त्व है।

–प्रेम को हम 'सृष्टि' मान लें तो रोने और हंसने में अंतर ढूंढ़ना कठिन होगा।

–आंसुओं की अपनी भाषा है : वे अत्यंत उत्कर्ष, उल्लास और प्रेम के प्रतीक हैं तो आसन्न वेदना भी उन्हीं में समाहित है। संभवत: आंसू इसलिए खारे होते हैं।

–महासागर का अपार जल खारा है, शरीर के भीतर बहुत गहरे से उठने वाला आंसू भी इसलिए खारा है, क्योंकि हमारा अभ्यांतर स्वयं एक महासागर है।

❑

–अब देखिए, कैसे चलती है हमारी गति चेतना :

❍मस्तिष्क है तो सोचेगा ही

❍आंखें हैं तो जिस्म फाड़कर भीतर जाएंगी ही

❍जीभ है तो बोलेगी ही

❍हृदय है तो पूजा–अभ्यर्थना के समय बजनेवाली घंटियों से आत्मरस होगा ही

❍प्यार का आवेग उभरेगा तो आकर्षण से कौन बचेगा

❍पैर हैं तो चलेंगे ही

❍चलेंगे तो मिलेंगे ही

○अंगुलियां हैं तो वे कलम बनेंगी ही; फिर कोई आहत हो या प्यार के रंगीन धागों का स्वेटर बुने

○इन सबके साथ समय है और समय है तो बीतेगा ही

–अर्थ यह हुआ कि हम निरर्थक नहीं हैं।

–कर्मभूमि में उतरे हैं तो हवा, पानी, मौसम, स्थितियां–परिस्थितियां सभी हमारे सहभागी बनेंगे।

–रह जाता है, चुनाव; कैसे चुना जाए उन्हें।

–चुनाव कुछ हमारी सामर्थ्य से परे हैं, कुछ हमारी मुट्ठी में कैद हैं। दृष्टि डालिए, नमक और कपूर में अंतर है यदि तो मात्र स्वाद से पता चलेगा।

–स्वाद स्व-कर्म और स्व-अनुभव से ही मिलेगा। परंपरा से पाया या दूसरे का आत्मसात् भोग स्वीकार कर लेने से अनुभव की गंगा नहीं मिलेगी।

–भोगना तो चाहिए, देखना तो चाहिए, हर स्वाद का मजा लेना जरूरी है–कड़वाहट भी हो तो वह अनुभव के अपार आगारों का स्वामी बनाएगा आपको।

–कसौटी में घिसकर ही सोने की परख होती है; फिसलनेवाला पारा भी पिघलता है, पत्थरों से जन्मी रेत भी पानी की तरह तरल होती है; क्या नहीं है जो बदला नहीं जा सकता, बदलता नहीं है!

–बदलने के बाद जो स्वरूप मिलता है, वह हमारे द्वारा निर्मित सृष्टि है।

–हमारी सृष्टि है तो हमारी ही दृष्टि होगी।

–दृष्टि जब मजबूत हो जाएगी, तो वह ऐसे व्यक्तित्व में बदलेगी जिसके प्रतिगामी अनंत पग होंगे।

–जीवन-यात्रा का यही सुखदमय क्षण है और समूची आस्था से कहा जा सकता है!

–विश्वास है मुझे अगली नस्ल पर, याद आएगी कभी तो कहेगी उसने देखा था मुझे। मेरा सान्निध्य उसने प्राप्त किया था। वह मेरे हर क्षण का ऐसा जीवी होगा जहां मैं नहीं रहूंगा, मात्र मेरी स्मृतियां शेष होंगी।

–स्मृतियों के बल पर जिंदगी आसानी से काटी जा सकती है।

–यादों के दायरे ही वास्तव में हमें जीवित रखे हैं, अन्यथा स्थितियां कई बार ऐसी बनती हैं कि बुद्धि अचानक अपने द्वार बंद कर लेती है और हम आत्महत्या कर बैठते हैं।

❑

–यह क्या हुआ!

–यह कायरता क्यों?

–आत्महत्या कर हम प्रेम-तत्त्व से पलायन कर गये। जीवन में आनेवाले सुखद

क्षणों से यह जानते हुए भी वंचित हो गये कि हम प्रेम के चरम तत्त्वात्मक क्षणों में ही इस धरा में आये थे।

–फिर हमें प्रेम करने से कौन रोक सकता है :

सबसे प्रेम करें हम–विस्तीर्ण क्षितिज तक जो कुछ समाहित हो सके, उसके पहले अपने–आपसे प्रेम करना सीख लें। हम स्वयं अपने से प्रेम करेंगे तो दूसरे से प्रेम करने के संकट से मुक्त हो जाएंगे।

–परंपरा और धर्म के नाम पर हमें यही सिखाया जाता है कि हम एक आदर्श प्रतीक के रूप में खड़े हो सकें। उस प्रतीक तक पहुंचने के लिए वह प्यार ही आधार है, जो दरिया की तरह बहता है।

❑

–मेरे दोस्त! क्यों टूटते हो क्षणिक अवसादों में! ये अचानक आये हैं तो अचानक चले जाएंगे। झुककर याचक बन गये यदि धोखा दिया है तुमने उसे जिसने प्यार देकर यहां भेजा था।

–नमक खाकर खून करना मनुष्यता नहीं है।

–नमक-सी तरलता से स्वस्थ शरीर पाकर उसे अचानक असमय छोड़ देना भी नमकहरामी है। एक क्षण तो आएगा ही 'अचानक' जाने का, लेकिन उसके भागीदार क्यों बने हम!

–प्रतीक्षा भी करें, चिंता भी नहीं, बस आराम से भोगते रहें, निष्काम, निष्प्रयोजन!

–सत्य की सीढ़ियों में कुछ भी निष्काम और निष्प्रयोजन नहीं होता।

–प्रत्येक कर्म का फल होता है।

–हमारी दृष्टि ने यदि फूलते हुए बहुरंगी रंग तितलियों के संग देखे हैं, तो निश्चित ही वे अशेष होने के पहले फल जरूर छोड़ जाएंगे, अशेष न होने के लिए।

–यह विश्वास हम पैदा कर लें तो अमरत्व को हमारे लिए सहज साध्य होना पड़ेगा।

–इन परिस्थितियों में चिंता व्यर्थ और अनर्थ है।

❑

–एक कली खिलती है, तो विश्वास उभरता है।

–कली पुष्प बनती है, तो प्यार का पारावार पसरता है।

–पुष्प झड़ता है, तो नयी कली की आशा उपजती है।

–झड़कर वहां बीज उभरते हैं तो नयी सृष्टि का बीजारोपण होता है।

–इसी निरंतरता में सार्थकता है–इसलिए, मेरे दोस्त आंसुओं का स्वाद लेना सीखो कुछ भी समझ के परे नहीं होगा।

मारो इसे भगाओ

❍मन बोझिल है
❍मन में बौखलाहट है
❍मन के भीतर से कुछ उभरता है,
❍गुब्बार-सा फैलता है और हलचल के रेशे-रेशे हिल उठते हैं,
❍उबाऊ हवाएं उन्हें उभारती हैं
❍दहकती हुई आग में आकाश जैसे हवाओं के गुब्बारे छोड़ता है
❍समेटना चाहते हैं, संभालना चाहे लेकिन...?

❑

–हम इसी 'लेकिन' पर आकर ठहर जाते हैं। चाहते हैं तो होता क्यों नहीं?
–हम विवश क्यों हैं?
–हमारी शक्ति छीन ली है किसी ने? कौन है वह? छीन सकता है क्या?
–मनुष्यता को चुनौती देने वाला सामर्थ्य किसी में नहीं है!
–मनुष्य परमश्रेष्ठ और विश्व-यज्ञ का पुरोधा है।
–मनुष्य के हाथों में हजारों आकाश का बल है; महासागरों को हथेलियों से रोक लेने का सामर्थ्य है; परम सिद्धवान, अनंत विद्याओं का धनी मनुष्य अपनी मुट्ठी से चाहे तो नन्हे खरगोश की तरह समूची धरा को मसलकर, सेमल के रेशों में बदलकर हवा में उड़ा सकता है।

❑

–आदि पुरुष को कितनी चुनौतियां नहीं मिलीं, एकाकी वह किसी खोज में पागलों-सा भागता रहा; हवाओं से उलझा, पानी से खेला और निरंतर बढ़ते हुए उसने अग्नि का आविष्कार कर लिया। अग्नि उसके हाथ जैसे ही आयी, वह आदि मानव प्रकृति को पराजित कर ऐसे बढ़ा कि एक से दो हुआ, दो से तीन और तीन से अब अरब-खरब की गिनती गिनने लगा है वह!
–मनुष्य के सिवाय और किसमें इतनी बोधमयी रागात्मक काव्यात्मकता रही है!

—कहा जा सकता है! देवताओं में!
—नहीं!
—देवता नाम की एक चिड़िया है, वह चिड़िया मनुष्य के पिंजरे में कैद है! मनुष्य प्रतिदिन सादर उसका अभिनंदन करता है, अभिषेक करता है, अभ्यर्थना के स्वरों में वह इतना समाहित हो जाता है कि स्वयं आत्मशक्ति का ग्राह्य वह अर्चना को बना लेता है!
—देवता स्वयं में कोई सृष्टि नहीं है। मानव जब धर्मों और कर्मों पर विजय पाकर जनाधार का केंद्र बन जाता है तो वह अलग, अकेला एक नयी संज्ञा से प्रतिष्ठित होता है—यही नयी संज्ञा है—देवता!
❑
—इसके विपरीत भी व्यंजना करें हम!
—राक्षस-नाम बचपन से सिखाया जाता रहा है। वैसे ही सिखाया जाता है जैसे भूत-प्रेतों की कहानियां आदिकाल से गढ़ी जा रही हैं!
—किसी ने राक्षस देखा है?
—किताबी पन्नों पर मत जाइए, जो कुछ पढ़ते हैं या पढ़ाया जाता है हमें, सच है क्या वह सब?
—अर्द्ध-सत्य में हमारी चेतना के द्वार खुलते हैं और जिंदगी-भर उसी अर्द्ध-सत्य को सनातन सत्य मानकर हम हारे हुए जुआरी की तरह, बाधित होते पक्षी की आंखों-सा दयनीय और असहाय अनुभव करने लगते हैं!
—सत्य तब क्या है?
—देवता नहीं हैं यह परम सत्य है तो राक्षस नहीं हैं, यह भी परम सत्य है!
—शेष रह जाता है मनुष्य :
—वह देवता भी है, दानव भी है; मनुष्य के क्रिया-कलाप विशेषण को स्थिर करते हैं।
—तब सार्वजनिक और सर्वजननीय सत्य हुआ कि यदि पृथ्वी स्थित है, परिधि है, प्रकृति है, सागर-महासागर हैं, शून्यबोध का आवृत्त लिए महाकाश है तो सबके लिए मान्यता का अभिलेखागार मात्र मनुष्य है, मात्र मानव है!
❑
—शक्ति का केंद्र-दूत मनुष्य फिर याचक क्यों है?
—किससे याचना करनी है उसे?
—हर पल और हर क्षण वह भयग्रस्त क्यों रहता है?
—प्रश्न नहीं करूंगा अब मैं, प्रश्न ही तो किये हैं अब तक यक्ष की तरह, उत्तर

भी देने होंगे युधिष्ठर की तरह!

—मनुष्य एक संज्ञा है, ठीक वैसे ही सुविधा के लिए मान लीजिए जैसे अजगर है!

—बहुत सोच-समझकर मनुष्य को हमने अजगर के साथ बांधा है। अजगर की शक्ति ही बांधने में है।

—अजगर की तरह मनुष्य की शक्ति भी बांधने में है।

—प्रयत्न कीजिए कभी, अजगर की तरह चाहे मछली के जाल-सी कोमलता के साथ अथवा स्वयं अजगरी-रज्जु-सी क्रूरता के साथ किसी को बांधने का प्रयत्न कीजिए और बंध जाए वह तो?

❍ जय जगदीश हरे!

❍ भूत-प्रेत की बाधाएं छू

❍ बलिष्ठता जोंक बन गयी, नमक डाल दीजिए

❍ कायरता अपने-आप पानी भरेगी

❍ भोग का अनंत आगार योगी का मंदिर होगा

❍ भीमकाय हाथों के बीच वह सेमल के कपास-सा सुख और सुविधा के प्रतिदान मांगेगी।

❍ क्यों नहीं होगा, क्यों नहीं होगा।

❍ शक्ति संहार है; शक्ति शांति है!

—शक्ति अपने-आप में दो खंडों-विखंडों में विभाजित होकर, जुड़ती है एक बनती है। इसलिए इन दो खंडों के बाहर की नपुंसकता मात्र निरीहता है!

❑

—तो आइए, हम बातें करें शक्तिपुंज से, शक्ति के केंद्रीभूत परम सत्य से, सत्य के चरमतत्त्व सिद्धि से, सिद्ध की नाभिकीय ऊर्जा असीमता से!

—असीमता में पहुंचकर प्रश्न और उत्तर खो जाते हैं या मिल जाते हैं!

—असीमता के इस महागार में अंधकार नहीं है; लघु प्रकाश भी नहीं, महाप्रकाश है जिसे अपनी पूंजीभूत आत्म-चेतना के बल पर आप कितना भी विस्तारित कर सकते हैं!

—कर सकते नहीं, किये हैं हमने! क्रियाओं के बाद ही तो ये निष्कर्ष निकले हैं जैसे भाषा के बाद व्याकरण बनता है और व्याकरण के बाद शब्दकोश!

—व्याकरण सुविधा है, शब्दकोश खुला आगार है; दोनों की नियति का संचालन भाषा से होता है!

—अर्थ यह हुआ कि सृष्टि की गति और प्रगति का अभिषेक यदि किसी के माथे

पर लिखा जाना है तो वह मनुष्य है!

❑

–ठहर जाएं, यह प्रश्न कहां से उभरा था, उत्तर कहां पहुंच गया; लेकिन :

❍मन बोझिल है अब भी

❍मन में बौखलाहट है अब भी

❍मन के भीतर कुछ उभरता है अब भी

–होते हैं ये सब मात्र कमजोरी से!

–बलिष्ठता तो है, पहचान भूल जाते हैं; इसे समझ लीजिए; सभी कुछ 'समझ' ही तो है! समझिए आप चेतन हैं तो जीवित पाएंगे, समझिए कि आप ठहर गये हैं तो निर्जीव पाएंगे!

–शक्ति का संतुलन 'समझ' की तिजोरी में बंद है; इसी तिजोरी की चाबी तो चाहिए आपको!

–वह चाबी आपके पास है, आप ताला खोलना नहीं जानते तो कौन क्या करेगा; आप भी नहीं क्योंकि जब आप ताला नहीं खोल सकते तो तोड़ सकेंगे कैसे? तो सुनिए–

❍जंगल में बसता है जलजात कंटीली, फूले, सीधे तने–पत्ते-सा कमलताल मोहक मादक गंध सुरभि हवाओं की पोरों में कैद–जाता कोई बनजारा, है वही बहेलिया–'चुप' की भाषा देता, खो जाता ठहर–ठहर सितारा,

मारो!
मारो इसे भगाओ
भय का भूत न पीछे आये
बोझिल हो न मन
और न कोई इसे 'अमृत छकाये'?

❑❑❑

व्यक्तित्व विकास

डायमंड बुक्स X-30, ओखला इंडस्ट्रियल एरिया, फेज-II नई दिल्ली-110020
फोन : 011-41611861, 40712100 फैक्स : 41611866